AVENIDA BRASIL 2

Curso básico de Português para estrangeiros

De
Emma Eberlein O. F. Lima
Cristián González Bergweiler
Tokiko Ishihara

Consultor pedagógico
Lutz Rohrmann

Ilustrações
Kaled Kalil Kanbour

E.P.U. **EDITORA PEDAGÓGICA E UNIVERSITÁRIA LTDA.**

AVENIDA BRASIL 2

Curso básico de Português para estrangeiros

De:

Emma Eberlein O. F. Lima, professora de Português para estrangeiros em São Paulo.
   Co-autora de: Falando Lendo Escrevendo Português – Um curso para estrangeiros (EPU);
   Português Via Brasil – Curso avançado para estrangeiros (EPU); Inglês – Telecurso de
   Segundo Grau (Fundação Roberto Marinho).
   Diretora da Polyglot – Cursos de Português para estrangeiros em São Paulo

Cristián González Bergweiler, professor de Português e Alemão para estrangeiros.

Tokiko Ishihara, professora do Departamento de Letras Modernas da Universidade de São Paulo.
   Ex-professora de Português no Centro de Lingüística Aplicada de Besançon.

Consultor pedagógico
Lutz Rohrmann

Projeto visual
Kaled Kalil Kanbour (ilustrações),
Cristián González (diagramação e fotografia) e
Lutz Rohrmann (projeto visual básico)

Capa
Ornaldo Fleitas; fotos: Lutz e Sybille Rohrmann

ISBN 85-12-54750-2

E. P. U. — Rua Joaquim Floriano, 72 — 6° andar — salas 65 / 68 (Edifício São Paulo Head Offices)
Tel. (011)829-6077 – Fax (011)820-5803 — CEP 04534-000 — São Paulo – SP — Brasil
Impresso no Brasil   Printed in Brazil

Prefácio

Com Avenida Brasil 2, completa-se o programa de Avenida Brasil, um curso básico de Português como língua estrangeira.

O método desenvolvido é, como em Avenida Brasil 1, essencialmente comunicativo, pois tem por objetivo primeiro levar o aluno a envolver-se e a participar diretamente do processo de aprendizagem. Como naquele primeiro livro, no entanto, em determinado passo de cada unidade, sistematizam-se as aquisições gramaticais — o que faz com que o curso se desenvolva, na verdade, segundo um método, por assim dizer, comunicativo-estrutural.

Avenida Brasil 2 completa a seqüência gramatical do curso básico, levando o aluno a compreender e a usar ativamente estruturas gramaticais mais complexas. O processo de aquisição de fluência, por outro lado, é levado firmemente adiante, sempre usando, como instrumento, temas de interesse real e imediato do aluno e intenções de fala selecionadas segundo sua urgência e relevância. A expressão escrita é desenvolvida no Livro de Exercícios, parte integrante do método. O aspecto da interculturalidade, tão presente em Avenida Brasil 1, é marcante também em Avenida Brasil 2, dando ao aluno a possibilidade de conhecer melhor e refletir sobre as diferenças culturais existentes entre os brasileiros e ele próprio.

Ao final de Avenida Brasil 2, o aluno deverá estar apto a realmente compreender, falar, ler e escrever Português livremente em situações do cotidiano e de trabalho, além de ter elementos para, numa reflexão intercultural, compreender aspectos fundamentais da mentalidade brasileira.

Os autores

Sumário

Temas	Comunicação	Gramática

Temas	Comunicação	Gramática

Símbolos utilizados em Avenida Brasil

diálogo / texto na fita

escreva no livro

escreva no caderno

exercício de leitura

exercício de audição

trabalho com o dicionário

Lição 1

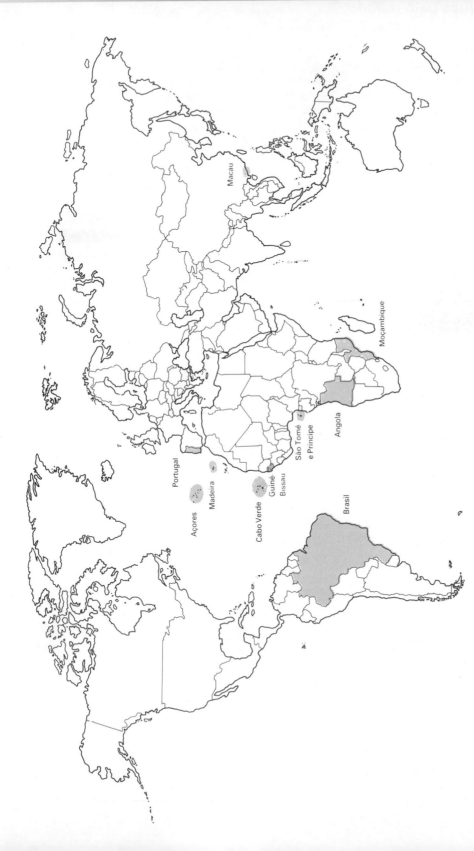

Brasil, Portugal, Países Africanos de Língua Oficial Portuguesa (PALOP) e Macau

A1   O Português pelo mundo

No mundo inteiro, mais de 200 milhões de pessoas falam Português. Além de Portugal (incluindo os Açores, Madeira e Macau, na China), a língua é falada no Brasil e nas antigas colônias portuguesas na África, os chamados Países de Língua Oficial Portuguesa (PALOP): Angola, Moçambique, Cabo Verde, Guiné-Bissau e São Tomé e Príncipe. Há diferenças no uso da língua entre os vários países, mas ultimamente têm aumentado a preocupação pela sua unificação.

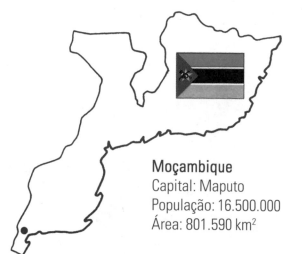

Moçambique
Capital: Maputo
População: 16.500.000
Área: 801.590 km²

Angola
Capital: Luanda
População: 10.000.000
Área: 1.246.700 km²

Guiné - Bissau
Capital: Bissau
População: 1.000.000
Área: 36.120 km²

São Tomé e Príncipe
Capital: São Tomé
População: 140.000
Área: 960 km²

Cabo Verde
Capital: Praia
População: 420.000
Área: 4.030 km²

1. **Fale com seus colegas. Quantas pessoas no mundo falam a sua língua? Que línguas você fala? Quais quer aprender? Por quê? Os elementos abaixo podem ajudar.**

Falando nisso ...
Bom, eu gostaria de ...
Mas veja bem, é mais importante...
Pensando bem ...
Olha, eu acho inglês ...

Bom, eu adoraria aprender sueco.

Mas veja bem, espanhol é mais importante!

Porto

Coimbra

Lisboa

Portugal
Capital: Lisboa
População: 11.000.000
Área: 92.080 km^2

1. Ouça trechos de uma entrevista com José Saramago. Em que ordem aparecem os temas abaixo?

a) As diferenças da língua portuguesa no Brasil e em Portugal.
b) Seu livro *A Jangada de Pedra*.
c) A relação entre escritores de língua portuguesa.

2. Ouça o texto novamente. Assinale as alternativas corretas.

a) Os livros de Saramago foram "traduzidos" para o Português do Brasil.
b) O Português do Brasil é diferente do Português de Portugal.
c) Há grande intercâmbio entre autores de língua portuguesa.
d) *A Jangada de Pedra* é sua obra mais importante.

3. Fale com seus colegas. Que diferenças você nota no Português de Portugal? Seu professor pode ajudar.

É rápido demais!

É mais difícil de entender

Algumas vogais quase desaparecem

Algumas palavras são diferentes.

9

B1 Voz passiva com ser

Observe os exemplos:

A língua portuguesa **é falada** por mais de 200 milhões de pessoas.
José Saramago **está sendo entrevistado** pela TV Cultura.
O Brasil **foi descoberto** em 1500 pelos portugueses.
Duvido que um português **seja entendido** por qualquer brasileiro.

ser + particípio

1. Ordene as frases.

Quantas pessoas
é falada
O Brasil   ainda hoje
estão sendo esperadas
Espero que
o pacote
por Pedro Álvares Cabral
seja enviado   é o chinês.
para a festa?   A língua que
por mais pessoas no mundo
foi descoberto

2. Fale com sua/seu colega.

Quem inventou o avião?
O avião foi inventado por Santos Dumont.

Quem
- escrever *A Jangada de Pedra*?
- inventar o avião?
- descobrir a América?
- inventar a lâmpada elétrica?
- compor "Garota de Ipanema"?
- ...

Tom Jobim   José Saramago

Cristóvão Colombo

Thomas Edison   Santos Dumont

10

1

Em Português há vários verbos com dois particípios. Observe os exemplos:

Ela não *tinha* aceitado o emprego. — Eu *fui* aceito para o cargo.
Ele *tinha* matado a fome com uma feijoada antes de vir. — Ele *foi* morto com um tiro.
Ele *tinha* imprimido alguns cartões de visita. — Este livro *foi* impresso no Brasil.

Normalmente usa-se a forma irregular com a voz passiva.

Abaixo você encontra os mais importantes verbos com 2 particípios. Complete você mesmo a forma regular e procure a forma irregular correspondente na caixa.

aceitar - *aceitado* - *aceito*   eleger - _____ - _____

expulsar - _____ - _____   prender - _____ - _____

matar - _____ - _____   limpar - _____ - _____

acender - _____ - _____   imprimir - _____ - _____

aceito
eleito
morto
limpo
preso
aceso
impresso
expulso

Voz passiva com -se   B3

Observe os exemplos:

Alugam-se casas com vista para o mar - Casas com vista para o mar **são alugadas**.
Fala-se português em vários países - Português **é falado** em vários países.
Perderam-se documentos importantes. - Documentos importantes **foram perdidos**.

1. Complete os anúncios com os verbos na caixa.

perder	vender	alugar	gratificar	procurar

Telefone _____ em Botafogo, linha 233. Tratar h. c. com Flávio, 233-1212

_____ dois chalés em Monte Verde p/ Carnaval. Informações Da. Emma, (011) 800-3344, à noite.

_____ professor de Port. p/ estr. c/ exper. 247-9292, h.c.

Poodle branco _____ nos Jardins na semana passada. Atende por Duda. _____ bem. 600-11-22

_____ rapaz c/ referências para caseiro em sítio na região de Jundiaí. Recados com Pedro, à noite (192) 23-2323

2. Complete.

soltar parafusos
Primeiro *soltam-se os ...*

levantar o carro
Depois _____

retirar parafusos
Então _____

tirar o pneu
Agora _____

colocar o estepe
e _____

colocar parafusos
Depois _____

apertar parafusos
Agora _____

descer o carro
e _____

guardar o pneu
Agora só falta *guardar o pneu*

B4   Perfeito composto do indicativo - forma e uso

1. Complete a tabela.

eu   -   **tenho pensado**
você \
ele   -   _____
ela   /
nós   -   _____
vocês \
eles   -   _____
elas   /

O pretérito perfeito composto do indicativo indica ação não teminada. A ação iniciou-se no passado e continua no presente:

Ultimamente tem aumentado a preocupação ...

Ele falou português na terça, na quinta, na sexta e ontem: ele tem falado muito português ultimamente.

Li um livro por semana no mês passado e continuo lendo bastante: tenho lido muito ultimamente.

2. O que você (não) tem feito ultimamente? Por quê?

Ultimamente	eu ela nós eles	(não)	ver ler sair comer vir trabalhar	(muito)	meus amigos jornais de casa fora aqui	porque ...

1. Ouça o primeiro texto. Sobre que região brasileira fala Maria?

2. Certo (C) ou errado (E)?

( ) Todos os gaúchos são iguais.
( ) Ser gaúcho é comer churrasco e tomar chimarrão.
( ) Ela toma chimarrão para animar-se.

3. O que Maria diz sobre o Português que paulistas e cariocas falam?

1. Ouça o segundo texto

2. De que cidade Ana Paula e Marina falam?

3. O que elas dizem sobre os habitantes típicos de sua cidade?

4. O que dizzem sobre o Português falado em sua região e em outras regiões do Brasil?

1. Ouça o terceiro texto. De que região fala Emma?

2. O que é ser Paulista segundo ela? Anote os tópicos que ela menciona e comente-os com seus colegas.

3. O que Emma diz sobre o Português falado em outras regiões do país? De qual deles ela gosta mais? Quais são as diferenças que ela aponta?

4. Ouça os textos novamente e preste atenção às diferenças no modo de falar de cada uma das pessoas.

5. Fale com seus colegas. O que você nota? Qual é mais difícil (ou mais fácil) de entender?

falar	chiado		falar as vogais mais	abertas
	cantado	engolir letras/palavras		fechadas
	anasalado			
	rápido		ser mais	melodioso
	devagar	usar palavras diferentes		duro

1. Leia o conto abaixo. Antes, porém, você consegue adivinhar o seu conteúdo pelo título?

As mãos dos pretos

Luís Bernardo Honwana

Já não sei a que propósito é que isso vinha, mas o Senhor Professor disse um dia que as palmas das mãos dos pretos são mais claras do que o resto do corpo porque ainda há poucos séculos os avós deles andavam com elas apoiadas no chão, como os bichos do mato, sem as exporem ao sol, que lhes ia escurecendo o resto do corpo. Lembrei-me disso quando o Senhor Padre, depois de dizer na catequese que nós não prestávamos mesmo para nada e até que os pretos eram melhores do que nós,
10 voltou a falar nisso de as mãos deles serem mais claras, dizendo que isso era assim porque eles, às escondidas, andavam sempre de mãos postas, a rezar.

Eu achei um piadão tal essa coisa de as mãos dos pretos serem mais claras, que agora é ver-me a não largar seja quem for, enquanto não me disser por que é que os pretos têm as palmas das mãos assim claras. A Dona Dores, por exemplo, disse-me que Deus fez-lhes as mãos assim mais claras para não sujarem a comida que fazem para os seus patrões ou qualquer coisa que lhes mandem fazer e
20 que não deva ficar senão limpa.

O Senhor Antunes da Coca-Cola, que só aparece na vila de vez em quando, quando as coca-colas das cantinas já tenham sido todas vendidas, disse que tudo o que me tinham contado era aldrabice, ele contou então o que sabia desta coisa da mão dos pretos. Assim:

"Antigamente, há muitos anos, Deus Nosso Senhor, Jesus Cristo, Virgem Maria, São Pedro, muitos outros santos, todos os anjos que nessa altura estavam no céu e algumas pessoas que tinham morrido e ido para o céu,
30 fizeram uma reunião e resolveram fazer pretos. Sabes como? Pegaram barro, enfiaram-no em moldes usados e para cozer o barro das criaturas levaram-nas para os fornos celestes; como tinham pressa e não houvesse lugar nenhum, ao pé do brasido, penduraram-nas nas chaminés. Fumo, fumo, fumo e aí os tens escurinhos como carvões. E tu agora queres saber por que é que as mãos deles ficaram brancas? Pois então se eles tiveram de se agarrar enquanto o barro deles cozia?!..."

Depois de contar isto, o Senhor Frias chamou-me, depois
40 de o Senhor Antunes ter ido embora e disse-me que tudo o que eu tinha estado para ali ouvir de boca aberta era uma grandessíssima peta. Coisa certa e certinha sobre isso das mãos dos pretos era o que ele sabia: que Deus acabava de fazer os homens e mandava-os logo tomar banho num lago lá do céu. Depois do banho as pessoas estavam branquinhas. Os pretos, como foram feitos de madrugada e a essa hora a água do lago estivesse muito fria, só tinham molhado a palma das mãos e as plantas dos pés, antes de se vestirem e virem para o mundo.

Mas eu li num livro, que por acaso falava nisso, que os
50 pretos têm as mãos assim mais claras por viverem encurvados, sempre a apanhar algodão branco de Virgínia e de mais não sei onde. Já se vê que a Dona Estefânia não concordou quando eu lhe disse isso. Para ela é só por a mão deles desbotarem à força de tão lavadas.

Bem, eu não sei o que vá pensar disso tudo, mas a verdade é que ainda que calosas e gretadas, as mãos dum preto sempre são mais claras que todo o resto dele. Essa é que é essa!

A minha mãe é a única que deve ter razão sobre essa
60 questão de as mãos de um preto serem mais claras do que o resto do corpo. No dia em que falamos nisso, eu e ela, estava-lhe eu ainda a contar o que já sabia dessa questão e ela já estava farta de se rir. O que achei esquisito foi que ela não me dissesse logo o que pensava disso tudo, quando eu quis saber, e só tivesse respondido depois de se fartar de ver que eu não me cansava de insistir sobre a coisa, e mesmo assim a chorar, agarrada à barriga como quem não pode mais de tanto rir. O que ela disse foi mais ou menos isto:
70 "Deus fez os pretos porque tinha de os haver. Tinha de os haver, meu filho. Ele pensou que realmente tinha de os haver ... depois arrependeu-se de os ter feito porque os outros homens se riam deles e levavam-nos para as casas deles para os pôr a servir como escravos ou pouco mais. Mas como Ele já não os pudesse fazer ficar todos brancos porque os que já tinham se habituado a vê-los pretos reclamariam, fez com que as palmas das mãos deles ficassem exatamente como as palmas das mãos dos outros homens. E sabes por que é que foi? Claro que não
80 sabes e não admira, porque muitos e muitos não sabem. Pois olha: foi para mostrar que o que os homens fazem é apenas obra de homens... Que o que os homens fazem, é feito por mãos iguais, mãos de pessoas que, se tiverem juízo, sabem que antes de serem qualquer outra coisa são homens. Deve ter sido a pensar assim que Ele fez com que as mãos dos pretos fossem iguais às mãos dos homens que dão graças a Deus por não serem pretos."

Depois de dizer isso tudo, a minha mãe beijou-me as mãos.
90 Quando fugi para o quintal, para jogar à bola, ia a pensar que nunca tinha visto uma pessoa a chorar tanto sem que ninguém lhe tivesse batido.

Luís Bernardo Honwana, nasceu em Maputo, Moçambique, em 1942, e participou ativamente da luta pela libertação de seu país. É um dos mais conhecidos escritores moçambicanos da atualidade.

2. Releia o texto, localizando nele as respostas à questão: Por que as palmas das mãos dos pretos são mais claras do que o resto do corpo?

3. Compare as justificativas apresentadas. Qual é a idéia que predomina? Que tipo de preconceito essa idéia revela?

4. Fale com seus colegas. Qual a idéia contida na resposta da mãe? Vocês concordam ou discordam. Por quê?

1. Leia a definição de fado e fale com seus colegas : Que tipo de música você imagina?

2. Ouça a música e complete as palavras que faltam no texto.

fado. [Do lat. *fatu*.] S. m. 1. V. *estrela* (5): "Ainda hoje são, por fado adverso, / Meus filhos — alimária do Universo... / Eu — pasto universal." (Castro Alves, *Poesias escolhidas*, p. 343.) 2. Canção popular portuguesa, de caráter triste e fatalista, linha melódica simples, ao som da guitarra ou acordeão, e que provavelmente se origina do lundu do Brasil colônia, introduzido em Lisboa após o regresso de D. João VI (1821). 3. *Bras*.No séc. XVIII, dança popular, ao som da viola, com coreografia de roda movimentada, sapateados e meneios sensuais.

estrela. [do lat *stella*] S. f. *Fig*. Destino, sorte, fado, fadário: *Tem boa estrela*.

Coimbra

Coimbra é uma lição de sonho e tradição,
        é uma canção e a lua é secular.
O livro é uma   , só passa quem souber
e aprende-se a viver a

Coimbra   , ainda és capital
do   em Portugal, ainda.
Coimbra   , com lágrimas se fez
uma   dessa Inês tão linda.

Coimbra das   , tão meiga que nos pões
os nossos corações a nu.
Coimbra dos   , para nós os teus cantores,
uma fonte de amores és tu.

Trabalhe com o dicionário. Relacione as palavras com o mesmo significado.

No Brasil dizemos ...

andar	lugar
bobo	média, café com leite
bolsa	meias de homem
bonde	moça
café-da-manhã	morder
cafezinho	pedestre
cardápio	privada
conserto	saúde!
criança	trapaça
encanador	suco
entender	trem
geladeira	vermelho
k	xícara

e em Portugal dizem ...

bica	parvo
canalizador	peão
capa	pequeno almoço
carro elétrico	perceber
chávena	peúgas
comboio	piso
ementa	rapariga
encarnado	reparação
frigorífico	retrete
galão	santinho!
mala	sítio
aldrabice	sumo
miúdo	trincar

Lição 2

A1 Entrevista

● Professor, que carreiras o senhor aconselha atualmente a nossos jovens?

○ Depende. O mercado de trabalho muda muito de ano para ano. Ultimamente tenho visto muita gente desempregada. No meu tempo, os engenheiros recém-formados tinham logo bons empregos. Os advogados também. Os professores ... Bem, os professores ... Sabe, o que eu aconselho aos jovens é que avaliem bem, mas muito bem mesmo, as carreiras que lhes interessam, as condições de trabalho e as perspectivas. Isso quer dizer que, se você não tem habilidade manual, não deve nem pensar em ser dentista. Nem pensar! Se você não gosta de ficar fechado numa sala o dia inteiro, não deve ser ... Se você odeia uma matéria como matemática, por exemplo, como pode pensar em ser engenheiro? Bom, para que você se sinta feliz, é necessário que você escolha o que lhe dá prazer. E, é claro, possibilidade de progredir, claro.

Converse com seu colega.

Ele vai explicar como ele é, quais são os seus talentos, do que ele gosta, o que ele detesta etc. Você vai tentar ajudá-lo a encontrar a profissão adequada para ele, dando sua opinião, aconselhando-o. Os elementos abaixo podem ajudá-lo no diálogo.

Eu adoro ...   habilidade manual
Eu odeio ...   números
Eu (não) tenho ...   contato com pessoas

Isso quer dizer que ...
Você não deve ...
É necessário que ...
Para que ...
Eu aconselho que ...

● Odeio a segunda-feira! Fico nervoso só de pensar em voltar ao trabalho. Eu me aborreço no escritório o dia inteiro. A papelada... É só chateação. Talvez seja melhor procurar outro emprego.

○ Será? Talvez você tenha escolhido a carreira ou a profissão errada. Já pensou nisso?

1. Converse com seu colega. Quais são as profissões "certas" para você? Quais profissões você nunca exerceria? Explique por quê.

2. Para você, em termos de carreira, o que é mais importante?
Discuta com seu colega.

> Conseguir prestígio social   Ganhar dinheiro   Poder ajudar os outros
>
> Poder criar   Viajar
>
> Ter contato com as pessoas   Não ter chefe
>
> Ter segurança   Trabalhar pouco   Ter prazer

3. Vantagens e desvantagens.

Considere a vida de um administrador de empresas bem sucedido. Analise abaixo os aspectos de seu dia-a-dia. Para você são vantagens ou desvantagens?

	Vantagens	Desvantagens
Poder de decisão		
Jantares freqüentes em restaurantes caros		
Contatos		
Papelada		
Grande responsabilidade frente aos funcionários da empresa e aos acionistas		
Viagens constantes		
Burocracia		
Salário alto + mordomias		
Atividade física limitada		
Necessidade de ser dinâmico e criativo		
Dias longos (expediente no escritório + reuniões sociais à noite)		

4. Em algumas linhas, descreva as vantagens e desvantagens de seu trabalho, de sua posição.

A3 Cada país tem seu sistema escolar

1. Fale sobre sua vida escolar.

ir para a escola entrar na escola	fazer	o curso primário o curso secundário faculdade	prestar exame	entrar na faculdade

2. Explique como é o sistema escolar de seu país.

escolas técnicas / profissionalizantes

obrigatório   ginásio

escola   pública
faculdade   particular

primário

3. Veja esta tabela. Ela mostra a linha central do sistema escolar brasileiro.

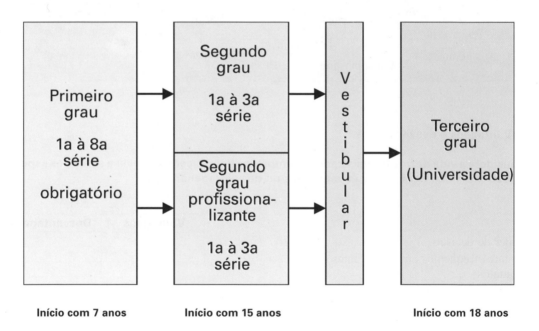

| Início com 7 anos | Início com 15 anos | Início com 18 anos |

4. Interprete a tabela acima. Você pode começar assim:

O sistema escolar brasileiro é dividido em 3 graus. O 1º grau é de 8 anos. Isso quer dizer que o aluno entra na escola com 7 anos de idade e ...

Isso quer dizer que...   Quer dizer que ...   Isso significa que ...

3. Compare o sistema escolar de seu país com o brasileiro.

No meu país, a gente ...   Nossa! Entrar na universidade com 17, 18 anos!...
Puxa! Entrar na escola com 7 anos!   Ótimo! Que bom poder começar a trabalhar cedo!

FUVEST CONVOCA APROVADOS PARA A SEGUNDA FASE

- Chi! Geraldo! Veja esta lista aqui. O Pedro não entrou! Ele vai ficar louco da vida. Estudou tanto, coitado!
- o É assim mesmo, você sabe. Vestibular é fogo!
- E agora?
- o Agora o jeito é fazer um bom cursinho e tentar outra vez no ano que vem. Ele vai entrar, tenho certeza. Só precisa se preparar melhor. Não tem outro jeito.

Vestibular: exame de seleção de candidatos para ingresso na universidade.

Cursinho: cursos particulares altamente especializados na preparação de candidatos aos exames vestibulares.

FUVEST: Fundação do Vestibular. Órgão responsável pela seleção de candidatos às maiores universidades do Estado de São Paulo.

Como é o processo de admissão à universidade em seu país?

fazer um exame   esperar uma vaga
ser chamado para   ser classificado
fazer matrícula

19

Presente do subjuntivo com expressões impessoais

Expressões impessoais + que ⇒ **Presente do Subjuntivo**

É melhor que você diga sim.
É importante que ele faça o trabalho.

---

1. Nos anúncios abaixo diga quais são, na sua opinião, as qualidades necessárias para o cargo.

RECEPCIONISTA/ATENDENTE
Grande oportunidade para você que tem boa aparência e experiência no trato com o público de modas. Comparecer com documentos à Nova Noiva, Av. Tiradentes, 40, de 2a a 6a feira no horário comercial, com Srta. Rosângela.

Para fazer este trabalho é necessário que você seja bonita e elegante. É importante que ...

ORGANIZAÇÕES GLOBO
procuram profissionais talentosos e com grande potencial para se desenvolverem ocupando o cargo de
LOCUTORES
Para seu sucesso na função é necessário que possuam experiência em gravações de spots comerciais para locução de chamadas promocionais.
Além de muita dedicação e entusiasmo, é imprescindível que possuam boa diccção e habilidade na pronúncia de palavras estrangeiras.
Certa de estar proporcionando uma ótima oportunidade, aliada a programa de remuneração e benefícios atraentes, a Empresa solicita o envio de currículo para
"LOC/092" aos cuidados deste jornal.

MOTOQUEIRO
Precisa-se c/ moto própria, boa aparência. F: 746-7318, C/ Vagno ou Ricardo.

SECRETÁRIA BILÍNGÜE JR.
Port. / Italiano, exp. 01/02 anos, conhec. computação, máq. elétrica, fax, redação própria. Enviar C. V. até 6a feira.

eu — **tenha pensado** você \ ele — _____ ela / nós — _____ vocês \ eles — _____ elas /	**O perfeito do subjuntivo indica ação terminada** Eu espero que ele tenha recebido minha carta ontem. Tomara que ela tenha fechado a janela. Está chovendo. Para entrar na faculdade, é necessário que você tenha terminado o 2° grau.

1. Complete a conjugação do verbo.

2. Leia as frases à esquerda e complete as frases à direita.

Ele vai ser promovido. Por quê?

É provável que _____

É possível que _____

Talvez _____

Ele foi demitido.

Duvido que _____

Tomara que _____

Espero que _____

Faça frases. Use o perfeito do subjuntivo.

À noite (11 horas!) em casa, ela está cansada e nervosa. Por quê?

Talvez ela tenha trabalhado demais

É possível que ela tenha tido problemas com o chefe.

21

Pronomes demonstrativos + advérbios de lugar

1. **Este(s)** livro(s)   **Esse(s)** livro(s)   **Aquele(s)** livro(s)
    Esta(s) casa(s)   **Essa(s)** casa(s)   **Aquela(s)** casa(s)
    O que é **isto**?   Quem disse **isso**?   Você viu **aquilo**?

2. **Este** homem | **Esse** homem | **Aquele** homem |
    Esta casa | **aqui.**   **Essa** casa | **aí.**   **Aquela** casa | **ali / lá**

    Isto   **Isso**   **Aquilo**

Faça frases:

Ele comprou	este	cadeira	aqui.
Eu vou falar com	isto	carro	aí.
Elas não fizeram	esse	tapete	ali.
	isso	roupa	lá.
	aqueles	meninos	
	aquilo	mulheres	
	estas		
	aquela		

a) Ninguém quer comprar _____ blusa lá. É muito feia.
b) Você viu _____ aí? Não é estranho?
c) Você precisa ler _____ história aqui. É ótima!
d) O que é _____ lá na estrada? Uma bicicleta? Uma moto?
e) Você escreveu _____ aqui? Não posso acreditar!
f) Quem são _____ homens ali? Estou com medo!

1. Leia o texto. Converse com seus colegas: Vale a pena fazer o curso? Por quê?

IMPULSO — Um programa POLYGLOT
Longe da rotina – O dia inteiro, só Português!

Se o que você quer é ativar e ampliar seus conhecimentos de Português e tornar-se mais competente em sua comunicação, nós lhe daremos o Impulso de que você precisa.
O Programa Impulso foi feito para você!

Português para estrangeiros é com a Polyglot!

Ambiente brasileiro.
De manhã até a noite, longe de seu dia-a-dia, mergulhado no Brasil, você falará português com brasileiros – só Português!

POLYGLOT – Polyglot Ensino e Publicações Ltda.
Rua Marechal Hastimphilo de Moura, 179 – Morumbi
CEP 05641-000 São Paulo – Brasil - Fone/fax: (011) 844-4397

2. Você fala um pouco de inglês? Leia os anúncios.
O que você acha destas propostas? Você conhece outras formas de aprender uma língua?

Practice your English by phone

De sua casa ou escritório você liga e conversa alguns minutos, todos os dias, com um professor especializado. Em pouco tempo você adquire fluência e desinibição. Necessário conhecimento básico da língua. Para pessoas que não podem perder tempo.
Ligue já.
228-2844

MEXICO - THAILAND - FRANCE - BRAZIL - BELGIUM - CHILE
VOCÊ FALA UM POUCO DE INGLÊS?
Do you want to make new friends all over the world? Call International Telefriends and speak with up to 15 people at the same time about travel, life and romance.
CALL NOW!
001 610 204 2907
AUSTRALIA - SPAIN - HOLLAND - GERMANY - USA - ARGENTINA - ENGLAND

aprenda enquanto dorme
INGLÊS – FRANCÊS – ALEMÃO
VOCÊ APRENDE A ENTENDER, PENSAR E FALAR EM 60 DIAS
TEL. 549-2165
SLEEP LEARNING - CX. POSTAL 20385 - CEP. 04034 - SÃO PAULO - SP

D1   Pequeno Burguês - Martinho da Vila

1. O que é... (Use o dicionário se necessário)

passar no vestibular   faculdade particular
a taxa   formar-se
a formatura   a beca
o anel de formatura   o "canudo"

2. Observe a foto. Indique a beca e o "canudo".

3. Ouça a música duas vezes e complete a letra.

4. Responda:

a) O que você sabe sobre o rapaz, sobre sua condição social e sua vida familiar?
b) Como é o dia-a-dia do rapaz entre o trabalho e a faculdade.
c) Por que os outros acham que ele é um "burguês muito privilegiado"?
d) O que o rapaz acha de si mesmo?

Pequeno Burguês

Felicidade!   no vestibular
Mas a faculdade é particular
Particular, ela é particular (bis)
Livros   tanta taxa pra pagar
Dinheiro muito raro alguém teve que
O meu dinheiro alguém teve que emprestar (bis)
Morei no subúrbio, andei   atrasado
Do trabalho ia pra aula   e bem cansado
Mas à meia-noite tinha sempre a
Um punhado   e   pra criar
Para criar, só criança pra criar (bis)
Mas felizmente eu   me formar
Mas da minha   não cheguei a participar
Faltou dinheiro pra   e também pro meu
Nem um diretor careca   o meu papel
O meu papel, meu canudo de papel (bis)
E depois de tantos anos, só   , desenganos
Dizem que sou um   muito privilegiado
Mas burgueses são vocês
Eu não passo de um   coitado
E quem   ser como eu
Vai   penar um bocado
Um bom bocado
Vai penar um bom bocado

Martinho da Vila (cantor e compositor)

Menino se matricula em Direito

KÁSSIA CALDEIRA

RIO – Com apenas 13 anos de idade, Ricardo Almeida Cabral Soares, aluno da oitava série do Colégio Santo Agostinho, no Rio, passou no vestibular da Faculdade de Direito Cândido Mendes. Ele começa a freqüentar as aulas dia 14, graças ao mandado de segurança que seu pai, o arquiteto José Paulo Soares, conseguiu do juiz Edson Queiroz. "Não vejo a hora de começar as aulas da faculdade", declara ele entusiasmado.

Se tudo der certo, Ricardo será bacharel em Direito com 17 anos. "Acho que cada um pode aproveitar a sua oportunidade e fazer suas conquistas", diz. Ele credita seu êxito aos pais, que o ajudaram a "conquistar espaço".

Ricardo acredita que não terá dificuldades para se entrosar com os colegas universitários: "Na escola me relaciono bem com os colegas e na faculdade não deverá ser diferente". Para ajudá-lo a vencer este desafio, ele tem a irmã, Danielle, que entrou para a mesma faculdade com 16 anos, quando cursava a segunda série do segundo grau e também conseguiu matricular-se através de mandado de segurança.

SUPERDOTADO

"Ricardo é uma criança entrando na adolescência", atesta sua mãe, a advogada Alda Maria. "Mas ele não abandonará sua parte infantil, pois continuará no Colégio Santo Agostinho até terminar o segundo grau. Achamos que não se deve pular etapas na educação".

Ricardo é superdotado intelectualmente, como indica um teste psicológico feito em novembro do ano passado. Com nove anos, escreveu um romance policial, **Assassinato no Parque** (lançado em 88 pela editora Talent's), com base nos livros de sua autora predileta, a inglesa Agatha Christie. Ricardo também é campeão estadual de xadrez.

Suas atividades diárias começam às 5h30, no Clube de Regatas Flamengo, onde pratica remo. Em seguida dedica-se à escolinha de futebol, sua atividade favorita. Estuda francês, inglês e alemão e, para completar o dia, assina uma coluna semanal no jornal **Última Hora** com as barbadas do turfe. Nas suas previsões, serve-se de um programa de computador que ele mesmo desenvolveu.

1. Certo (C) ou errado (E)?

( ) Ricardo cursa a 8ª série graças a um mandado de segurança
( ) vai ser advogado com 17 anos
( ) cursará a Faculdade de Direito e a escola ao mesmo tempo
( ) interessa-se por estudar

2. Dê sua opinião sobre o caso de Ricardo.

Na minha opinião...

é necessário que   é absurdo que
convém que   é pena que

3. Os verbos abaixo aparecem no texto. Complete as frases com um deles no tempo adequado.

aproveitar	freqüentar	passar em	vencer
entrosar-se com	pular	fazer	desenvolver

a) Ele não pode perder esta chance. Ele precisa _____ a oportunidade.

b) Nós estamos _____ mais um programa de computador.

c) Ele _____ um ano por isso vai terminar o curso muito jovem.

d) Antigamente ela _____ uma escola pequena.

e) Ele não se adaptou ao trabalho porque não _____ os colegas.

f) Todos nós estamos contentes. Alberto _____ (o) vestibular.

g) Vamos _____ mais este desafio.

h) Ontem eu _____ o teste. Foi muito difícil.

Caça-Palavras

Descubra 11 palavras ligadas à idéia de escola e carreira.

V	E	S	T	I	B	U	L	A	R
O	X	X	E	J	I	H	G	E	O
G	E	E	E	T	N	E	C	O	D
A	C	Q	T	K	L	M	N	C	A
T	U	S	E	S	C	O	L	A	R
U	T	B	A	E	I	O	U	A	T
C	I	E	N	T	I	S	T	A	S
E	V	S	R	E	Q	V	A	O	I
N	O	T	A	C	A	E	L	A	N
T	M	E	D	N	B	T	X	V	I
O	A	S	R	I	N	I	E	R	M
L	I	T	M	C	T	C	X	Q	D
M	A	E	E	O	I	A	U	L	A

E2   Aqui está uma relação de palavras ligadas a profissões. Separe-as de acordo com as categorias indicadas.

jornalismo agricultor consulado clínica economista embaixada artes plásticas
trator   laboratório   juiz   consultório   chácara   imprensa   advogado   filmar

Economia   Diplomacia   Saúde   Mídia   Direito

E3   Complete as frases com as palavras da caixa.

pausa   questão   química   recreio   reitor   reprovar   secretaria   semestre   trimestre

Na aula de _____ aprendemos a utilizar o laboratório.

O _____ da universidade é eleito pelos professores e funcionários.

Algumas escolas dividem seu ano escolar em _____, outras em _____.

O professor pediu que eu fosse na _____ durante o _____.

Na prova havia uma _____ que eu não soube responder.

Se as suas notas não melhorarem, o professor vai _____ você!

O que a gente vai fazer? **A1**

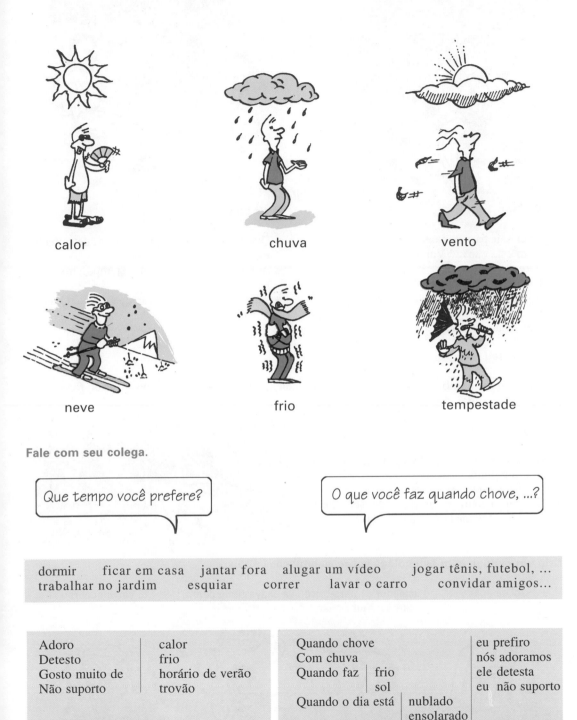

calor

chuva

vento

neve

frio

tempestade

Fale com seu colega.

Que tempo você prefere?

O que você faz quando chove, ...?

| dormir | ficar em casa | jantar fora | alugar um vídeo | jogar tênis, futebol, ... |
| trabalhar no jardim | esquiar | correr | lavar o carro | convidar amigos... |

Adoro	calor
Detesto	frio
Gosto muito de	horário de verão
Não suporto	trovão

Quando chove		eu prefiro
Com chuva		nós adoramos
Quando faz	frio	ele detesta
	sol	eu não suporto
Quando o dia está	nublado	
	ensolarado	
	chuvoso	
	frio	
	quente	

A2 Vamos esperar até que pare

Diálogo 1

- Quer sair para passear?
- Com esta chuva? Vamos esperar até que pare.
- Ora, uma chuvinha assim não incomoda. E o jornal diz que hoje vai fazer sol.
- Olhe pela janela! Acho que não vai parar de chover até amanhã.

Diálogo 2

- Que tal a gente ir à praia no fim de semana? Está um solzinho gostoso.
- Acho bom, a não ser que o tempo vire. Detesto praia sem sol.
- Acho que eu vou mesmo que chova. Quero sair um pouco da cidade.

Fale com seu colega:

Vocês querem combinar alguma coisa: ir à piscina, assistir a um jogo de futebol, fazer um piquenique, andar de bicicleta, ...

A3 E essa agora?

- Essa agora! O pneu tinha que furar no meio deste temporal.
- E o que a gente faz agora?
- Deve ter alguém por aqui que conserte pneus. Vamos perguntar lá na banca de jornais.

Crie um diálogo com seu colega sobre as situações abaixo.

a gasolina acabou

o limpador de pára-brisa parou de funcionar

a chave ficou dentro do carro

o carro quebrou

Certas conjunções exigem o uso do presente ou do perfeito do subjuntivo. Observe os exemplos:

- Você vai ao churrasco no domingo?
- Vou | mesmo que esteja chovendo.
  | nem que haja uma tempestade.
  | embora eu não goste de carne.

- Você gosta de passear?
- Gosto | desde que   não esteja chovendo.
  | contanto que
  | a não ser que esteja muito frio.

- Vamos embora?
- Não, eu não saio daqui até que tenha falado com a Paula
- Vamos, mas sem que o professor perceba.

- Será que ainda tem passagem para o Rio?
- Não sei, mas vou tentar fazer reservas já | para que   possamos viajar tranqüilos.
  | a fim de que

1. Faça frases e discuta com seu professor o que elas significam.

Vou ficar aqui | mesmo que
| nem que
| embora
| até que
| desde que = contanto que
| para que = a fim de que
| a não ser que
| sem que

ela vá embora.

Embora ela vá embora?

É! Ela vai embora, mas eu fico.

2. Faça frases, combinando os elementos.

Vou embora	mesmo que	só estude faz três meses
Vamos viajar	para que	ele me veja
Ele fala bem português	antes que	esteja chovendo
Quero ficar	embora	a festa acabe
Aceito o emprego	desde que	todos possam ouvir
Fale mais alto	até que	o salário seja bom

3. Preencha com os verbos entre parênteses.

a) Embora nós nos _____ (conhecer) faz muitos anos, sei pouco sobre ele.

b) Vale a pena comprar, nem que _____ (ser) muito caro.

c) Vamos esperar até que o tempo _____ (melhorar).

d) Como é, você está pronto? Quero chegar lá antes que a festa _____ (acabar).

e) Vocês podem ir à festa desde que _____ (voltar) antes da meia-noite.

f) Para que a TV _____ (funcionar) você precisa ligá-la na tomada!

B2 *Alguém que, alguma coisa que, ... + subjuntivo*

Observe o uso do subjuntivo em frases indefinidas:

Você conhece alguém que *fale* dinamarquês? | Sim, eu conheço alguém que fala dinamarquês
Há algo que eu *possa* fazer para ajudar? | Sim, há algo que você pode fazer: chame o médico.

1. Compare as perguntas e as respostas acima. Você consegue descobrir quando utilizar o subjuntivo? Se não, fale com o seu/sua professor/a.

2. Fale com seu colega utilizando as palavras nas caixas.

alguém que	qualquer pessoa que	ninguém que	falar chinês	fazer para ajudar
algo que	uma coisa que	alguma coisa que	esquecer morar no Rio mergulhar	
			ser brasileiro	saber cantar

Você conhece alguém que fale chinês?

Não, não conheço ninguém que fale/tenha aprendido chinês.

3. Faça frases.

a) conhecer / ninguém / falar francês   Não conheço ninguém que fale francês.

b) conhecer / ninguém / ter amigos no Brasil _____

c) saber / algo / poder ajudar? _____

d) conhecer / nenhum livro / falar sobre o Rio Grande do Sul _____

e) haver / alguém / ter carro? _____

f) conhecer / ninguém / ter visitado Belém _____

g) conhecer / alguém / ter morado em Portugal? _____

4. Fale com seu colega. Observe o exemplo.

Em que tipo de casa você quer morar?

Que tipo de jornal você quer ler?
Que tipo de chefe você gostaria de ter?
Que tipo de amigos você procura?
Onde você gostaria de passar suas férias?
...

Quero morar numa casa que tenha um jardim grande, que fique num bairro bom e que tenha piscina.

muito quente, muito calor
quente, calor
gostoso
fresco
friozinho
frio
muito frio, gelado

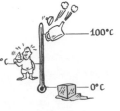

A senadora Maria Silva (PT-AC) passou frio na sessão do Congresso ontem. Não gostou do ar condicionado. "Comparado com a minha terra, isso aqui é o Pólo Norte", exagerou a acreana.

Fale com seus/ suas colegas.
Como são as temperaturas na sua região? Com que temperaturas você utiliza as palavras acima?

Como você imagina ...? C2

Fale com seu colega: Como vocês imaginam a selva amazônica, Brasília, o Sul do Brasil, ...

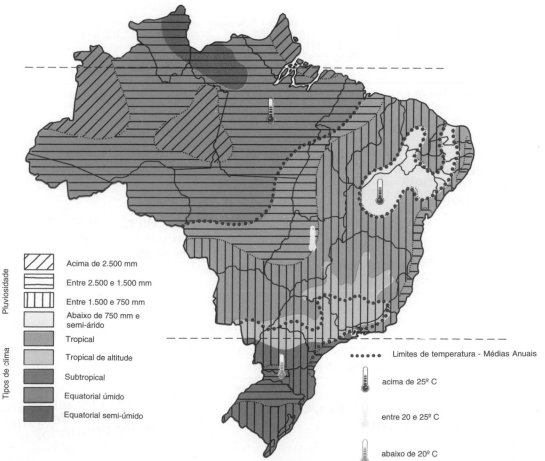

Pluviosidade
- //// Acima de 2.500 mm
- ≡ Entre 2.500 e 1.500 mm
- ‖‖‖ Entre 1.500 e 750 mm
- Abaixo de 750 mm e semi-árido

Tipos de clima
- Tropical
- Tropical de altitude
- Subtropical
- Equatorial úmido
- Equatorial semi-úmido

•••••• Limites de temperatura - Médias Anuais

acima de 25º C

entre 20 e 25º C

abaixo de 20º C

C3 Paisagens

1. Descreva as fotos. As palavras nas caixas podem ajudá-lo.

montanha	vale	rio	cerrado	serra	baía	ilha
quente	úmido	frio	árido	seco		temperado

2. As frases abaixo formam três textos, referentes a cada uma das fotos. Organize os textos.

O litoral perto de Parati, no Rio de Janeiro, é perfeito para mergulhar.

Há várias cachoeiras descendo da rocha, uma delas, o Véu de Noiva, com 86 m de altura.

Na região da chapada há também várias grutas e lagoas subterrâneas.

Às vezes passam-se anos sem que chova.

A maior parte do Nordeste é quente e seca.

Os vales verdes cercados por paredes de rocha são típicos da Chapada dos Guimarães.

A vegetação é baixa, com poucas árvores.

Há inúmeras pequenas ilhas perto da costa, onde o mar não é muito profundo.

Como vai estar o tempo no norte do Brasil? E no sul?
O que você pode fazer no Rio de Janeiro? E em Manaus?
Onde vai fazer mais frio? Qual a região onde fará mais calor?

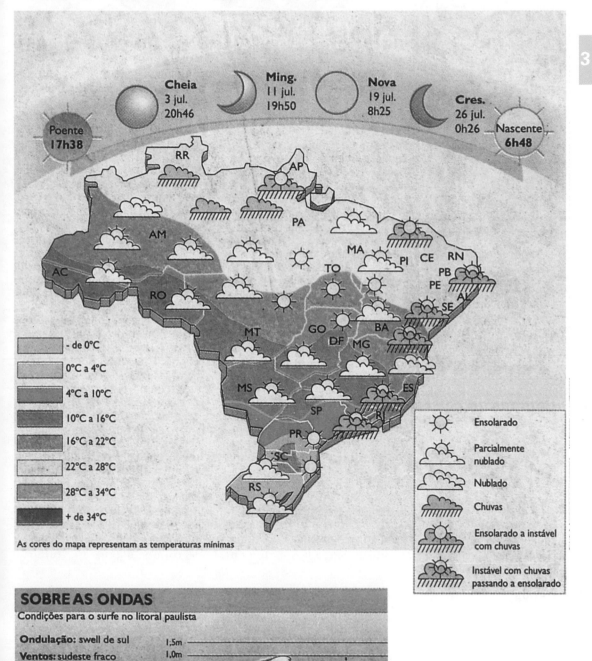

As cores do mapa representam as temperaturas mínimas

SOBRE AS ONDAS

Condições para o surfe no litoral paulista

Ondulação: swell de sul

Ventos: sudeste fraco

Fonte: Revista Trip

D2   Enchente

1. Ouça o texto e decida qual das figuras combina com ele.

2. Certo (C) ou errado (E)?

( )   Ainda está chovendo muito.
( )   Ainda há muita água na avenida.
( )   O carro de D. Maria José parou no meio da água.
( )   É normal haver chuvas fortes na cidade.

E   Campos de palavras

Com a ajuda do dicionário, organize as palavras na caixa por categorias. Algumas podem aparecer em várias categorias.

pé d'água	furacão	terremoto	ventania	garoa	aguaceiro	brisa	relâmpago
pé de vento	chuvarada	ciclone	maremoto	enchente			trovão
granizo	tornado	pancada de chuva	trovoada	vendaval	nuvem		raio
inundação	deslizamento	geada	temporal	tromba d'água			tufão

Chuva   **Vento**   **Catástrofes**

Vida econômica A1

Dia D
Há fortes sinais de que o governo pode eliminar três zeros da moeda no dia 1º de agosto, um domingo. A conferir.

Ministro da Fazenda anuncia novo imposto

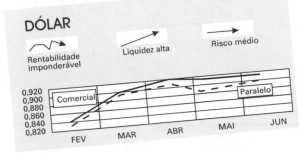

DÓLAR

Rentabilidade imponderável

Liquidez alta

Risco médio

Comercial — Paralelo

0,920 / 0,900 / 0,880 / 0,860 / 0,840 / 0,820

FEV   MAR   ABR   MAI   JUN

INFLAÇÃO VOLTA A SUBIR

OS MAIORES CONGLOMERADOS FINANCEIROS

Classificação/Nome/Sede	Depósitos Totais (US$ milhões)	Operações de de Crédito (US$ milhões)	Ativo Total (US$ milhões)	Patrimônio Líquido Declarado (US$ milhões)	Lucro Líquido (US$ milhões)	Rent. Pat. p/ Lucro Líquido %
1. Banco do Brasil DF	10.224,41	18.035,38	59.466,82	6.180,38	398,20	6,4
2. Bradesco SP	6.653,94	3.468,02	15.403,17	2.433,27	333,99	13,7
3. Banespa SP	6.198,28	8.375,44	13.367,88	1.211,59	193,19	15,9
4. Nacional MG	6.078,30	3.553,00	9.797,43	662,71	92,43	13,9
5. Itaú SP	4.839,31	2.585,82	10.947,60	1.772,73	236,24	13,3

Governo anuncia: corte nos gastos públicos

Ouro: compra, penhora, melhor preço. Pça. da Sé 25, cj 56.

Crédito pessoal
De US$ 2 a US$ 500 mil. 834-3479

Dinheiro x telefone: crédito pessoal, seu telefone como garantia. Fone: 355-3343

Fale com seus colegas. O que o dinheiro representa para vocês?
Pense 3 minutos e escreva tudo o que lhe vier à mente. Depois compare os seus pensamentos com os dos outros.

A2 Trocou de carro?

- E aí, Vicente, trocou de carro?
- o Pois é, rapaz, estive na loja, olhei bem, anotei os preços... Não sei não, acho que vou esperar mais um pouco.
- Muito caro, é?
- o Não sei se o carro está caro ou se sou eu que ganho pouco. Só sei que o dinheiro anda curto.
- Para todo mundo está assim. É a inflação: os preços sobem muito, os salários só um pouco. E comprando a prazo?
- o Até pedi que fizessem o cálculo das prestações com juros e tudo, mas mesmo dando o meu carro como entrada fica difícil.
- É, não está fácil...

1. Fale com seu colega. Você quer comprar um carro, uma moto, uma geladeira, móveis novos para a sua sala mas ...

2. Fale com seu colega. Você decidiu comprar e volta à loja. Como é o diálogo?

abrir um crediário	fazer um financiamento	pagar em 10 vezes	conseguir desconto
dar um cheque pré-datado		trazer comprovante de renda	arranjar um fiador

A3 Também pudera, era dia de pagamento

"Hoje passei a manhã no banco. Tinha fila para tudo: no caixa, na mesa do gerente, no caixa automático, até no bebedouro! Também pudera, era dia de pagamento, todo mundo foi buscar o seu salário.
E o pior é que eu nem tinha tanta coisa para fazer: queria pegar um talão de cheques, pagar algumas contas e aplicar um dinheirinho em CDBs. Levei quase duas horas, e quando voltei ao escritório, percebi que tinha esquecido de pegar dinheiro para o fim-de-semana."

Fale com seus colegas. Quando vocês vão ao banco?

pagar contas	pegar talão de cheques	aplicar dinheiro na poupança, em CDB
sacar, depositar dinheiro	consultar saldos	abrir crédito falar com o gerente

- ... e eu nunca achei que a economia fosse melhorar rápido, mas assim é demais! E pensar que até fiquei feliz que tivessem trocado o ministro...
- Vai com calma, as coisas são lentas! O Brasil é um país grande, é muito difícil resolver tudo da noite para o dia.
- Eu sei. Garçom, mais uma rodada! Mas veja os impostos: todo ano eles aumentam, todo ano o governo tira mais da gente, e para onde vai o dinheiro? Você vê para onde vai o dinheiro de seus impostos?
- Bom, eu sei, mas o que a gente pode fazer? São eles lá em Brasília que decidem!
- Brasília! Eu também sempre esperei que eles fossem resolver os nossos problemas, mas não tem jeito! Eu acho que deveríamos ...

Fale com seu colega. Como continua esta conversa? As palavras e expressões na caixa podem ajudá-lo.

Que tal...   e se eles...   eu acho que o governo deveria...   e aumentando os impostos?

diminuir   a inflação, o desemprego, a taxa de juros, os impostos...
          os gastos do governo com os militares, os funcionários públicos...
aumentar os impostos, os investimentos sociais, os gastos com educação...

Que tal diminuir os gastos com os funcionários públicos?

Eu acho que eles deveriam cortar os gastos com os militares!

E aumentando os impostos para os mais ricos?

B1 Imperfeito do subjuntivo: formas

1. Observe a formação do imperfeito do subjuntivo:

Fazer ⇨ eles fizeram ⇨ eu fizesse, você fizesse, nós fizéssemos, vocês fizessem
Poder ⇨ eles puderam ⇨ eu pudesse, você pudesse...
Estar ⇨ eles estiveram ⇨ eu estivesse...
Ser/Ir ⇨ eles foram ⇨ eu fosse...

2. Complete você mesmo as formas regulares que faltam.

		andar	vender	vestir
eu	–	andasse	vendesse	_____
ele/ela	–	andasse	_____	_____
você	/			
nós	–	andássemos	_____	_____
eles/elas	–	andassem	_____	_____
vocês	/			

3. Complete, seguindo o exemplo de formação.

Querer	eles quiseram	eu _____	Ver	_____	você _____
Ter	_____	nós _____	Saber	_____	eu _____
Preferir	_____	ela _____	Ficar	_____	ele _____
Comprar	_____	vocês _____	Vir	_____	vocês _____
Abrir	_____	ele _____	Dizer	_____	nós _____
Dar	_____	elas _____	Trazer	_____	elas _____

B2 Imperfeito do subjuntivo: uso

Observe os exemplos de uso do imperfeito do subjuntivo.

● Por que você não quis que eu **ficasse**?
o É que eu precisava trabalhar em paz.

● Por que o Zé não veio ontem?
o Não sei. Talvez **estivesse** doente.

● Você foi à biblioteca ontem?
o Fui, mas não encontrei nada que me **ajudasse** no trabalho para a faculdade.

● Fiquei tão feliz que você **pudesse** vir.
o É, faz anos que não nos vemos.

● Por que vocês foram à Argentina no inverno?
o Para que o Paulinho **brincasse** na neve.

● O Johann voltou para a Alemanha ontem.
o Eu sei. Foi pena que eu não **pudesse** me despedir dele.

1. Fale com seu colega. Responda com talvez.

Por que a Clarissa não veio à aula ontem?

Não sei, talvez ela estivesse doente.

não vir à aula	estar triste
brigar com você	sair mais cedo
...	

precisar ir ao médico	não ter vontade
estar doente	brigar com a namorada
...	

2. Complete com o imperfeito do subjuntivo.

a) Eu fiquei muito feliz que meu chefe _____

b) Nunca achei que eu _____

c) Sempre quis que minha família _____

d) Eu não saí da aula até que a professora _____

e) Comecei a estudar português para que eu _____

f) Foi bom que você _____

4

Mais-que-perfeito do subjuntivo   B3

> **Observe os exemplos. O mais-que-perfeito do subjuntivo (como o perfeito do subjuntivo) indica ação terminada:**
>
> Ontem eu ainda duvidava que ele tivesse recebido minha carta anteontem.
>
> Ele duvidou que eu tivesse trabalhado ontem.
> Eu esperava que ela tivesse recebido minha carta ontem.
> Não podíamos fazer nada embora nós tivéssemos chegado uma hora antes.
> Foi bom que eles tivessem chegado antes da chuva começar.

1. Complete com o mais-que-perfeito do subjuntivo.

a) À noite estávamos muito cansados embora _____ (dormir) bastante à tarde.

b) Ele duvidou que eu já _____ (estar) no Brasil.

c) Não pude acreditar que vocês _____ (esquecer) do aniversário da mamãe!

d) Fomos embora sem que _____ (conseguir) falar com ele antes da reunião.

e) O trabalho não está pronto ainda? Eu esperava que você já o _____! (acabar)

2. Fale com a seu colega. Responda com talvez.

Por que Paula está zangada com você?

Ela duvidou que eu tivesse ficado doente.

C   As moedas do Brasil

1. Fale com suas/seus colegas. O que vocês sabem sobre a moeda do Brasil?

Desde 1831 até hoje, o Brasil já substituiu sete vezes a sua moeda: desde o Mil Réis até o Real, a nossa moeda passou por sucessivas mudanças, a fim de se adaptar à inflação que continuamente a desvalorizava.

Em 1942, o Mil Réis foi substituído pelo Cruzeiro, dando início à série de mudanças no padrão monetário segundo um padrão que se tornaria habitual: 1000 Mil Réis (um conto de Réis) valiam 1 Cruzeiro, tornando mais fácil a conversão. Como aconteceria mais tarde também, as velhas cédulas de Mil Réis continuaram circulando de início com um carimbo da Casa da Moeda indicando o seu novo valor, até que toda a moeda circulante fosse trocada, o que demorou vários meses.

Em 1967, a segunda alteração: 1000 Cruzeiros = 1 Cruzeiro Novo. Depois disso, em rápida sucessão, o Cruzado (1986), o Cruzado Novo (1989), novamente o Cruzeiro (1990) e o Cruzeiro Real (1993), sempre mantendo a taxa de 1 para 1000 e as notas carimbadas de início, até a sua completa substituição pelas novas cédulas e moedas.

Em 1994 foi introduzido o Real e com ele duas inovações: a taxa de conversão foi de 2.750 Cruzeiros Reais = 1 Real e, numa operação sem precedente na história das moedas brasileiras, toda a moeda circulante foi trocada completamente em espaço de poucos dias.

Em um século e meio, sete trocas de moeda:
1 Real de hoje valeria 2.750.000.000.000.000.000.000 Mil Réis.

2. Certo (C) ou errado (E)?

( ) Todas as trocas de moeda no Brasil seguiram a conversão de
      1000 para 1
( ) Como é difícil trocar a moeda circulante, quase sempre utiliza-
      vam-se as antigas notas com carimbos indicando seu novo valor.
( ) O Brasil já teve sete moedas em um século e meio.

3. Fale com seus/suas colegas. Qual é a história da moeda em seu país?

4. Escreva uma pequena história da sua moeda e leia-a para seus/suas colegas.

MEIO SÉCULO DE DINHEIRO DO BRASIL

1 Cruzeiro   1944   5 Cruzeiros   1970

1000 Cruzados   1987

1 Real   1994

1. Ouça o texto e escolha um título para ele.

  a) A economia brasileira
  b) A semana econômica
  c) Os impostos

2. Ouça novamente e complete as frases com palavras do texto.

a) As negociações entre _____, sindicatos e empresários continuam.

b) O governo insiste em _____ os impostos.

c) A inflação continua _____.

d) Quanto mais alto o _____, maior a _____ de sua aplicação.

e) Para os conservadores, a _____ ou o _____ são a solução.

f) Se você tiver mais dinheiro para _____, procure os _____ nos bancos.

3. Fale com seus colegas.

O que as pessoas fazem no seu país quando têm dinheiro para poupar?
Você poupa ou prefere gastar?
Você já comprou ações alguma vez? Ganhou dinheiro com isso?
Você ganha na loteria o equivalente ao seu salário de um ano. O que você faria com esse dinheiro?

Anedota pecuniária

Chama-se Falcão o meu homem. Naquele dia — quatorze de abril de 1870 — quem lhe entrasse em casa, às dez horas da noite, vê-lo-ia passear na sala, em mangas de camisa, calça preta e gravata branca, resmungando, gesticulando, suspirando, evidentemente aflito. Às vezes, sentava-se; outras, encostava-se à janela, olhando para a praia, que era a da Gamboa. Mas, em qualquer lugar ou atitude, demorava-se pouco tempo.

— Fiz mal, dizia ele, muito mal. Tão minha amiga que ela era! tão amorosa! Ia chorando, coitadinha! Fiz mal, muito mal... Ao menos, que seja feliz!

Se eu disser que este homem vendeu uma sobrinha, não me hão de crer; se descer a definir o preço, dez contos de réis, voltar-me-ão as costas com desprezo e indignação. Entretanto, basta ver este olhar felino, estes dois beiços, mestres de cálculo, que, ainda fechados, parecem estar contando alguma cousa, para adivinhar logo que a feição capital do nosso homem é a voracidade do lucro. Entendamo-nos: ele faz arte pela arte, não ama o dinheiro pelo que ele pode dar, mas pelo que é em si mesmo! Ninguém lhe vá falar dos regalos da vida. Não tem cama fofa, nem mesa fina, nem carruagem, nem comenda. Não se ganha dinheiro para esbanjá-lo, dizia ele. Vive de migalhas; tudo o que amontoa é para a contemplação. Vai muitas vezes à burra, que está na alcova de dormir, com o único fim de fartar os olhos nos rolos de ouro e maços de títulos. Outras vezes, por um requinte de erotismo pecuniário, contempla-os só de memória.

Não era casado. Casar era botar dinheiro fora. Mas os anos passaram, e aos quarenta e cinco entrou a sentir uma certa necessidade moral, que não compreendeu logo, e era a saudade paterna. Não mulher, não parentes, mas um filho ou uma filha, se ele o tivesse, era como receber um patacão de ouro. Infelizmente, esse outro capital devia ter sido acumulado em tempo; não podia começá-lo a ganhar tão tarde. Restava a loteria; a loteria deu-lhe o prêmio grande.

Morreu-lhe o irmão, e três meses depois a cunhada, deixando uma filha de onze anos. Ele gostava muito desta e de outra sobrinha, filha de uma irmã viúva; dava-lhes beijos, quando as visitava; chegava mesmo ao delírio de levar-lhes, uma ou outra vez, biscoitos. Hesitou um pouco, mas, enfim, recolheu a órfã; era a filha cobiçada. Não cabia em si de contente; durante as primeiras semanas, quase não saía de casa, ao pé dela, ouvindo-lhe histórias e tolices. Chamava-se Jacinta, e não era bonita; mas tinha a voz melodiosa e os modos faceiros. Sabia ler e escrever; começava a aprender música. Trouxe o piano consigo, o método e alguns exercícios; não pôde trazer o professor, porque o tio entendeu que era melhor ir praticando o que aprendera, e um dia... mais tarde... Onze anos, doze anos, treze anos, cada ano que passava era mais um vínculo que atava o velho solteirão à filha adotiva, e vice-versa. Aos treze, Jacinta mandava na casa; aos dezessete era

verdadeira dona. Não abusou do domínio; era naturalmente modesta, frugal, poupada.

— Um anjo! dizia o Falcão ao Chico Borges. Este Chico Borges tinha quarenta anos, e era dono de um trapiche. Ia jogar com o Falcão, à noite. Jacinta assistia às partidas. Tinha então dezoito anos; não era mais bonita, mas diziam todos "que estava enfeitando muito". Era pequenina, e o trapicheiro adorava as mulheres pequeninas. Corresponderam-se, o namoro fez-se paixão.

Era isto em 1869. No princípio de 1870 Falcão propôs ao outro uma venda de ações. Não as tinha; mas farejou uma grande baixa, e contava ganhar de um só lance trinta a quarenta contos ao Chico Borges. Este respondeu-lhe finalmente que andava pensando em oferecer-lhe a mesma cousa. Uma vez que ambos queriam vender e nenhum comprar, podiam juntar-se e propor a venda a um terceiro. Acharam o terceiro, e fecharam o contrato a sessenta dias. Falcão estava tão contente, ao voltar do negócio, que o sócio abriu-lhe o coração e pediu-lhe a mão de Jacinta. Foi o mesmo que, se de repente, começasse a falar turco. Falcão parou, embasbacado, sem entender. Que lhe desse a sobrinha? Mas então...

— Sim; confesso a você que estimaria muito casar com ela, e ela... penso que também estimaria casar comigo.

— Qual nada! interrompeu o Falcão. Não, senhor; está muito criança, não consinto.

— Mas reflita...

— Não reflito, não quero.

Chegou à casa irritado e aterrado. A sobrinha afagou-o tanto para saber o que era, que ele acabou contando tudo, e chamando-lhe esquecida e ingrata.

O terror do Falcão era enorme. Ele amava a sobrinha com um amor de cão, que persegue e morde aos estranhos. Queria-a para si, não como homem, mas como pai. A paternidade natural dá forças para o sacrifício da separação; a paternidade dele era de empréstimo, e, talvez, por isso mesmo, mais egoísta. Nunca pensara em perdê-la; agora, porém, eram trinta mil cuidados, janelas fechadas, advertências à preta, uma vigilância perpétua, em espiar os gestos e os ditos, uma campanha de d. Bartolo. Entretanto, o sol, modelo de funcionários, continuou a servir pontualmente os dias, um a um, até chegar aos dois meses do prazo marcado para entrega das ações. Estas deviam baixar, segundo a previsão dos dous; mas as ações, como as loterias e as batalhas, zombam dos cálculos humanos. Naquele caso, além de zombaria, houve crueldade, porque nem baixaram, nem ficaram ao par; subiram até converter o esperado lucro de quarenta contos numa perda de vinte.

Foi aqui que o Chico Borges teve uma inspiração de gênio. Na véspera, quando o Falcão, abatido e mudo, passeava na sala o seu desapontamento, propôs ele custear todo o *deficit*, se lhe desse a sobrinha. Falcão teve um deslumbramento.

— Que eu...?

— Isso mesmo, interrompeu o outro, rindo.

— Não, não...

Não quis; recusou três a quatro vezes. A primeira impressão fora de alegria, eram os dez contos na algibeira. Mas a idéia de separar-se de Jacinta era insuportável, e recusou. Dormiu mal. De manhã, encarou a situação, pesou as cousas, considerou que, entregando Jacinta ao outro, não a perdia inteiramente, ao passo que os dez contos iam-se embora. E, depois, se ela gostava dele e ele dela, por que razão separá-los? Todas as filhas casam-se, e os pais contentam-se de as ver felizes. Correu à casa do Chico Borges, e chegaram a acordo.

— Fiz mal, muito mal, bradava ele na noite do casamento. Tão minha amiga que ela era! Tão amorosa! Ia chorando, coitadinha... Fiz mal, muito mal.

Cessara o terror dos dez contos; começara o fastio da solidão. Na manhã seguinte, foi visitar os noivos. Jacinta não se limitou a regalá-lo com um bom almoço, encheu-o de mimos e afagos; mas nem estes, nem o almoço lhe restituíram a alegria. Ao contrário, a felicidade dos noivos entristeceu-o mais. Ao voltar para casa não achou a carinha meiga de Jacinta. Nunca mais lhe ouviria as cantigas de menina e moça; não seria ela quem lhe faria o chá, quem lhe traria, à noite, quando ele quisesse ler, o velho tomo ensebado do *Saint-Clair das Ilhas*, dádiva de 1850.

— Fiz mal, muito mal...

Machado de Assis

1. Certo (C) ou errado (E)?

( ) Falcão era extremamente consumista.

( ) Vendeu sua sobrinha pensando exclusivamente no lucro.

( ) Contar e recontar dinheiro era sua forma de combater a solidão.

( ) Um dos prazeres de Falcão era repassar, de memória, toda sua fortuna.

2. Discuta com seu colega o significado das expressões:

- voracidade do lucro
- requinte de erotismo pecuniário
- botar dinheiro fora
- farejou uma grande baixa

3. Escolha uma das expressões acima e use-a numa frase.

Trabalhe com o seu dicionário. Relacione os verbos aos substantivos.

sacar	dinheiro
depositar	conta no banco
pedir	crédito
receber	juro
dever	taxa
ganhar	caderneta de poupança
perder	empréstimo no banco
abrir	crediário
fechar	aplicação financeira
investir	ações
aplicar	CDB
transferir	
conseguir	
comprar	
fazer	

4

Complete **E2**

1) Dê a forma que está faltando.

2) Dê o antônimo.

Adjetivo	Substantivo	Verbo
/////////	cola	_____
	_____	emigrar
	imigrante	_____
estúpido	_____	confundir
_____	fragilidade	/////////
habituado	_____	
_____	incapacidade	
_____	juventude	
	divisão	_____
	limpeza	/////////
igual	_____	
	lei	
/////////	beijo	_____
belo	_____	/////////
_____	ciúme	
espantoso	_____	

empregar	_____
criticar	_____
_____	discordar
_____	defender
_____	descolar
_____	desapertar
carregar	_____
puxar	
_____	desembarcar
enxugar	_____
largar	
enfiar	_____
_____	desarrumado
_____	desobedecer

Jogo **E3**

Trabalhe com sua/seu colega. O que vocês relacionam com os seguintes adjetivos? Vocês têm cinco minutos para pensar. A dupla que conseguir mais palavras ganha.

salgado	suave	mole	murcho	saboroso	doce	natural

Lição 5

A1 Entrevista do mês

Mª da Glória Ribeiro explica como enfrentou a crise com talento e criatividade.

Revista – Em 1º lugar, gostaria que contasse para os leitores como surgiu a idéia de trabalhar com congelados.

Mª da Glória – No começo foi a necessidade de organizar minha vida. Estava desempregada há 6 meses, temos 2 crianças e aquela situação estava me incomodando já que sempre fui muito independente.

R – O que você fazia antes?

MG – Sou secretária bilíngüe.

R – E quando a produção de congelados tornou-se uma atividade profissional?

MG – Gosto de cozinhar. Um dia, uma amiga me disse de brincadeira que se fizesse pratos congelados para fora ficaria rica. Levei a sugestão a sério e descobri que havia um mercado.

R – Como formou sua clientela?

MG – Os primeiros clientes foram os amigos, depois os amigos dos amigos, os vizinhos, enfim, logo estava com um grupo fixo de clientes.

R – Você investiu muito dinheiro no negócio?

MG – Não, justamente. Não fiz empréstimos, usei apenas parte das economias. O que fiz foi equipar a cozinha com um fogão maior e dois freezers. Tenho uma ajudante, fazemos desde supermercado até a entrega.

R – O retorno financeiro é interessante?

MG – Não posso me queixar. Meu faturamento varia mês a mês. Ainda não deu para ficar rica como disse minha amiga. A vantagem é que não tenho patrão e posso ficar perto das crianças. Se tivesse que voltar a trabalhar em escritório não sei se conseguiria.

1. Trabalhe com seu colega. Expliquem o que Maria da Glória diz sobre:

Motivos que a levaram a trabalhar com congelados	Como surgiu a idéia
A clientela O investimento feito A estrutura do seu negócio	O lucro que tem
As vantagens de trabalhar assim	

2. Converse com seu colega. Se você tivesse que procurar uma outra atividade lucrativa sem sair de casa, o que você faria e por quê?

> Se tivesse que trabalhar em casa, daria aulas de tango. Acho relaxante e dá algum dinheiro.

costurar para fora	acho relaxante
fazer bijuterias	é um bom negócio
tricotar, bordar	é muito criativo
trabalhar com computador	adoro desafios
pintar porcelanas, quadros	dá (algum, muito, pouco) dinheiro
fazer embalagens para presentes	para mim é divertido
desenhar cartões personalizados	é anti-depressivo
dar aulas de tango, de ginástica	correr riscos é estimulante
fazer tapetes	é muito útil
	o retorno financeiro é interessante
	o faturamento é estável

- Eletro-Vídeo, bom dia.
- Bom dia. É o seguinte: minha televisão quebrou e eu queria que vocês mandassem alguém para consertá-la.
- Qual é o problema?
- É a imagem. Ela está horrível, cheia de sombras, escura, não dá para ver nada. Estou com medo que quebre de uma vez.
- E a antena, a sra. verificou a antena?

- Não há nada errado com ela. Olha, já fiz de tudo, inclusive mudei o aparelho de lugar e nada! Acho que está desregulada mesmo.
- O técnico vai passar na sua casa depois de amanhã para dar uma olhada.
- Depois de amanhã? Não dá para vir antes?
- Estamos com muito serviço. Vou ver o que posso fazer mas não prometo nada.

Trabalhe com seu colega. Observe os desenhos e escolha o profissional adequado. Ligue para ele e explique o problema. Antes, com a ajuda do dicionário, identifique o profissional.

| quebrar | enguiçar | rasgar | furar | entupir | queimar |

Promessas, promessas, promessas

- Alô, é da Eletro-Vídeo? Quero falar com o gerente.
- Quem quer falar com ele?
- É uma cliente.
- Ele está ocupado no momento. Qual é o assunto?
- Ele prometeu mandar um técnico ontem para consertar minha televisão. Fiquei esperando o dia inteiro e ninguém apareceu.
- O rapaz vai na segunda-feira, sem falta.
- Como assim, na segunda-feira? Quero alguém hoje. Não tenho a menor intenção de ficar sem tevê mais um fim de semana.
- É que estamos com alguns problemas no momento.
- Por que não me telefonaram? Que falta de seriedade! Se tivessem me avisado, teria chamado outra empresa.
- O técnico vai na segunda, eu lhe garanto.

1. **Trabalhe com seu/sua colega. Simulem alguns dos diálogos em que o freguês reclama e o profissional se justifica e faz promessas. Antes, organizem as frases abaixo em três categorias: Reclamando, Justificando e Prometendo.**

O senhor prometeu que ...	Isso não pode ficar assim	Agora chega!
A peça está em falta/fora de linha	Vamos mandar o rapaz hoje à tarde, eu garanto	Não vai mais acontecer
Nosso empregado está doente	Vamos tomar providências	Quero falar com o chefe
Eu vou amanhã sem falta	É a terceira vez que ...	Não se preocupe, pode ficar sossegado
O pessoal está em greve	Até sábado o serviço vai estar pronto, pode ter certeza	Vou chamar a polícia!
Quero falar com o gerente		

2. **Troque idéias com seu colega: quem fez essas promessas? Imaginem a situação.**

Dou-lhe minha palavra que isso não se repetirá.
Amanhã, sem falta, mandaremos alguém em sua casa.
Juro, amor, que nunca mais esqueço seu aniversário!
Devolvo na semana que vem, sem falta.
Tá bom, tá bom, prometo ir à festa com você.
Faremos o possível, eu lhe garanto.
Isso não vai ficar assim, pode estar certo.
Não vou voltar tarde, confie em mim.

Eu *faria* o conserto hoje se eu **tivesse** tempo.

| Futuro do pretérito na oração principal | se + imperfeito do subjuntivo na oração iniciada com **se** |

1. Faça frases.

a) eu/sair com eles/se (eu) não estar com dor de cabeça

Eu sairia com eles se não estivesse com dor de cabeça

b) o pacote chegar amanhã/se (nós) mandar hoje _____

c) ser bom/se (nós) trabalhar juntos _____

d) ele ir à festa/se (ele) receber convite _____

e) se eles não ser chatos/(nós) convidar para viajar concosco _____

f) se vocês poder ficar mais tempo/(nós) poder conversar mais _____

g) se ela querer/(eu) ajudaria _____

h) se eles ter mais dinheiro/(eles) comprar uma casa maior _____

2. Complete as frases.

a) Tudo seria mais simples _____

b) Eu não faria negócio com ele _____

c) O mundo seria melhor _____

d) O diretor assinaria o contrato _____

3. Jogue com suas/seus colegas.
Faça perguntas e dê respostas. Cada pergunta correta vale um ponto, cada resposta correta também. Ganha quem primeiro fizer 8 pontos.

> O que você faria se amanhã fosse feriado?

> Se amanhã fosse feriado, eu dormiria até as onze.

China
greve
televisão
metrô
salário
...

B2 O verbo haver na forma impessoal

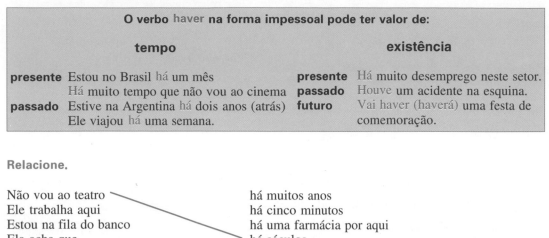

O verbo haver na forma impessoal pode ter valor de:	
tempo	**existência**
presente Estou no Brasil há um mês Há muito tempo que não vou ao cinema **passado** Estive na Argentina há dois anos (atrás) Ele viajou há uma semana.	**presente** Há muito desemprego neste setor. **passado** Houve um acidente na esquina. **futuro** Vai haver (haverá) uma festa de comemoração.

Relacione.

Não vou ao teatro   há muitos anos
Ele trabalha aqui   há cinco minutos
Estou na fila do banco   há uma farmácia por aqui
Ela acha que   há séculos
Fale baixo,   há meia hora
Não via meus primos   vai haver muita discussão
Você sabe se   há muito pouco tempo
Falei com ela   não houve nenhum problema
Ele me disse que   há crianças dormindo

B3 *Se* + mais-que-perfeito do subjuntivo

Ontem ela não *teria chegado* atrasada se tivesse tomado um táxi, mas não tomou.

1. Escreva as frases combinando os elemento e colocando os verbos na forma adequada.

Exemplo: A polícia teria prendido os ladrões se tivesse chegado logo.

A polícia	prender os ladrões		ela não ficar doente
O fax	não quebrar		um advogado ler ocontrato
Eles	avisar	se	alguma coisa acontecer
O show	ser um sucesso		você ler as instruções
Eu	não fazer o negócio		a polícia chegar logo
Ela	reclamar		chover o tempo todo

2. Complete as frases com o mais-que-perfeito do subjuntivo.

Nós teríamos ficado ricos _____

Eu teria ficado famoso _____

Eu não teria casado _____

Ele não teria ficado resfriado _____

Trabalhe com seu colega. Você comprou uma casa velha muito barato, mas tem que fazer uma grande reforma. Você tem muita pressa e pouco dinheiro.

1. Procure na lista abaixo os profissionais de que precisará.
2. Em que ordem você faria os consertos?

o marceneiro faz móveis, portas, janelas
o eletricista conserta e instala aparelhos elétricos
o pintor pinta paredes, muros, letreiros
o pedreiro troca azulejos, constrói casas
o encanador conserta vazamentos, troca canos, desentope
a cabeleireira lava, corta e penteia cabelos
o sapateiro conserta sapatos e artigos de couro
o chaveiro faz chaves, coloca fechaduras
o serralheiro põe grades na janela, faz portões

o frentista põe gasolina no carro, calibra pneus, lava carros
o mestre-de-obras comanda e vigia o andamento das obras
o mecânico conserta carros
o borracheiro troca, conserta pneus
o jardineiro planta flores, corta grama, cuida do jardim
a costureira costura e conserta roupas em geral
o tintureiro lava e passa roupas delicadas
o decorador decora casas, salões de festas, vitrines

Serviços. Um item importante em nosso dia-a-dia.

Serviços de manutenção: pedreiro, encanador, eletricista, marceneiro, jardineiro etc.

Falar de prestação de serviços é falar de diversas atividades que estão presentes em nossa vida diariamente.

Do encanador ao jardineiro, da escola aos bancos, da luz elétrica à água encanada, todas estas atividades são regulamentadas.

O importante é prestar atenção a todos os detalhes que envolvem os serviços que você está contratando. Sempre que puder, faça um contrato por escrito, guardando com você uma cópia deste documento. Ele será muito útil no caso de surgir algum problema.

Leia com atenção este guia e

Estes são exemplos típicos de serviços que normalmente são prestados por pequenas firmas ou profissionais autônomos. Grande ou pequeno, o problema que levou você a chamar um eletricista, um pedreiro ou quem quer que seja, precisa ser bem solucionado. Mas como controlar a qualidade destes trabalhos? E como pagar um preço justo?
Para isso, siga essas regras básicas:

1 - Pergunte aos amigos e parentes se eles conhecem algum bom profissional.

2 - Solicite um orçamento por escrito, discriminando custo de mão-de-obra e material. No item material deve constar detalhadamente tudo o que será usado, e os respectivos preços.

3 - Compare pelo menos com mais um orçamento.

4 - Acompanhe, sempre que possível, o conserto e a utilização do material combinado.

5 - Pagamentos: se for à vista, pague só no final do serviço. Se for a prazo, vincule os pagamentos às etapas do serviço, deixando os maiores valores para depois do serviço concluído. Se o profissional exige sinal, procure dar o mínimo possível.

De qualquer forma, exija recibo em cada pagamento. Cheque nominal também vale como recibo.

6 - Verifique todo o serviço realizado antes de liberar a última parte do pagamento.

7 - Se o serviço não for satisfatório, reclame com o profissional que o executou.

8 - Procure, antes de dar início ao serviço, elaborar um contrato, semelhante ao mostrado na próxima página.

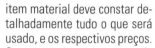

50

1. Leia o texto da página 50.

2. Trabalhe com sua/seu colega. Escolham um dos consertos que vocês decidiram fazer na casa do exercício C, na página 49, e façam o contrato com o profissional adequado.

Contrato de prestação de serviços.

Através deste instrumento, de um lado, o contratante Sr. ....
residente à .... e, de outro, o contratado
CIC ou CGC n° ....
(Sr./Firma) ....
localizado à ...., têm justo e contratado,
CIC ou CGC n° ....
na forma de direito, o que mutuamente aceitam e aprovam, a saber:
   Cláusula 1ª Trata-se da execução de serviço referente a ....
....
                     (descrever todo o serviço que será realizado)
....
a ser entregue em .... / ...... / ....
   Cláusula 2ª Ficam as partes obrigadas a juntar ao presente contrato relação do material a ser utilizado para execução do(s) serviço(s), mencionando principalmente quantidade, qualidade e marca dos mesmos.
   Cláusula 3ª O material da relação citada (cl. 2ª), será fornecido pelo.............................
....
                (nome do contratante ou contratado)
e deverá ser pago pelo ....
                (nome do contratante ou contratado)
ficando o serviço previsto para .... / .... / ....
   Cláusula 4ª Obriga-se o contratante a pagar a quantia total de R$ ....
(...Reais), da seguinte forma:
.... % de sinal = R$ ....
.... % na entrega = R$ ....
.... % 30 dias após a entrega = R$ ....
OBSERVAÇÃO ....
   Cláusula 5ª A retirada e entrega do objeto que envolve o serviço contratado serão feitas pelo
....
                (nome do contratante ou contratado)
   Cláusula 6ª O serviço ora contratado terá .... meses de garantia, a contar da data de entrega, caso apresente algum defeito, falha ou má execução, sem qualquer despesa para o contratante.
   Cláusula 7ª Todos os encargos trabalhistas e encargos previdenciários e de impostos ficam a cargo do contratado.
   Cláusula 8ª O não cumprimento de qualquer das cláusulas acima implicará em tomada de medidas judiciais cabíveis.
   E por estarem assim ajustados, firmam o presente contrato em 2 (duas) vias (reconhecer firma das assinaturas).

.... de .... de ....
....
                (contratante)
....
                (contratado)

Se todos fossem iguais a você

1. Ouça a música e converse com seus colegas: O que vocês acham dela? O que diz a letra? Sua mensagem é otimista ou pessimista?

Vai tua vida
Teu caminho é de paz e amor
A tua vida
É uma linda canção de amor
Abre os teus braços e canta
A última esperança
Esperança divina de amar em paz
Se todos fossem iguais a você
Que maravilha viver
Uma canção pelo ar
Uma mulher a cantar
Uma cidade a cantar
A sorrir, a cantar, a pedir
A beleza de amar
Como o sol, como a flor, como a luz
Amar sem mentir nem sofrer
Existiria a verdade
Verdade que ninguém vê
Se todos fossem no mundo
Iguais a você
(Tom Jobim e Vinícius de Moraes)

© Edições Euterpe Ltda., fevereiro/1958.

Formando palavras

Dê o nome do profissional.

costura	*a costureira*	escrever	*o escritor*
sapato		ler	
eletricidade		cantar	
cabelo		compor (música)	
jardim		pintar	
pneu (borracha)		decorar	
chave		conduzir	
carro		esculpir	
carta			
piano			
violino			
violão			
cozinha			

Observe as pessoas nas fotos abaixo. Procure imaginar o nível sócio-econômico delas, as profissões que exercem, o estudo que fizeram. Fale de suas possíveis habilidades, qualidades intelectuais etc. Use no seu texto o maior número possível de expressões com subjuntivo.

Acho que ele é advogado. É provável que tenha escritório próprio. Imagino que seja uma pessoa inteligente; talvez goste de jogar xadrez. Não parece rico, mas deve levar uma vida confortável. É possível ...

Vestibular

Teste seus conhecimentos nos mais variados assuntos. Você tem 10 minutos para fazê-lo.

1. Meteorologia
Escreva cinco verbos ou expressões ligados à idéia de tempo.

Chover, fazer frio ...

_____

_____

_____

2. Economia
Encontre dez palavras referentes a banco.

_____

_____

_____

_____

3. Português
Complete as frases.

Presente do subjuntivo.

É importante que ele _____ (vir hoje).

Convém esperar até que _____ (a chuva passar).

Quero um mecânico que _____ (consertar motores).

Você conhece alguém que _____ (trabalhar com computação gráfica).

Perfeito do subjuntivo.

Espero que vocês _____(chegar sem problemas) com aquele carro.

Mais que perfeito do subjuntivo

Foi bom que ela _____ (anunciar a decisão) a todos.

4. Lógica
Resolva o problema: "As colegas".

As colegas

Alexandra, Elza, Gisela, Vanilda e Regina são colegas de escola. O pai de Alexandra foi colega de universidade do pai de Elza. Regina é a melhor em Matemática e muitas vezes ela ajuda, nesta matéria, a filha do datilógrafo e a do vendedor, enquanto que Gisela pede ajuda, em Desenho, à filha do datilógrafo.
Alexandra mora numa casa vizinha àquela onde mora a filha do dentista. A filha do médico é apaixonada por Música. Com essas informações, será que vocês seriam capazes de dizer como se chama a filha do garçom?

O pai da Elsa é médico ou dentista.

Como é que você sabe?

5. Egiptologia
Decifre o enigma.

Curitiba, 21 de março 1994

Tião,

É com muita 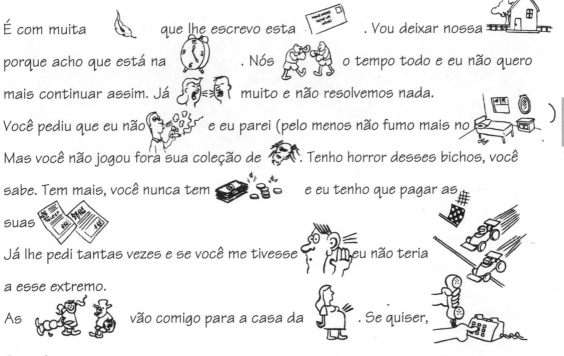 que lhe escrevo esta . Vou deixar nossa

porque acho que está na . Nós o tempo todo e eu não quero

mais continuar assim. Já muito e não resolvemos nada.

Você pediu que eu não e eu parei (pelo menos não fumo mais no

Mas você não jogou fora sua coleção de . Tenho horror desses bichos, você

sabe. Tem mais, você nunca tem e eu tenho que pagar as

suas

Já lhe pedi tantas vezes e se você me tivesse eu não teria

a esse extremo.

As vão comigo para a casa da . Se quiser,

Smach

Arminda

Você acabou seu teste e agora troque-o com seu colega. Conte os pontos de acordo com o quadro abaixo e discutam as correções.

De 16 a 14 - Ótimo. Meus parabéns.
De 13 a 10 - Bom. Continue assim.
De 9 a 7 - Regular. Estude mais.
De 6 a 0 - Péssimo. Assim não dá! Tente mais tarde.

R3 Reclamação

Trabalhe com seu colega. Olhe o desenho abaixo e imagine o diálogo. Coloque pelo menos 3 expressões de promessa.

R4 As profissões

Faça uma cópia desta página e recorte as fichas com as profissões. Misture bem e depois distribua, uma a uma, cinco fichas para cada colega.

Você pega uma ficha de um colega, lê em voz alta a profissão e a descreve citando pelo menos três atividades deste profissional. Se conseguir, a ficha sai do jogo e seu colega pega uma ficha sua. Se não conseguir, você devolve a ficha e pega outra.

Exemplo: O aluno 2 tira a ficha "serralheiro". Ele anuncia em voz alta e diz: "O serralheiro põe grades na janela, conserta portões e também coloca grades no jardim."

serralheiro	marceneiro	eletricista	pintor
cabeleireiro	mestre-de-obras	mecânico	jardineiro
costureira	decorador	borracheiro	tintureiro
sapateiro	predreiro	chaveiro	frentista
	encanador	vidraceiro	

1. Ouça a parte A do programa e marque os objetos mencionados.

2. Ouça a parte B do programa e, baseado no diálogo, proponha uma troca a seu colega: você tem um objeto sem uso e gostaria de trocá-lo por algo útil, ou o seu colega tem um objeto que lhe interessa e você deve oferecer-lhe algo em troca.

Faz sentido?   **R6**

1. Participantes: 2 pessoas ou grupos
2. Material: papel e tesoura
3. Regras do jogo: A frase modelo é

Se tivesse dinheiro	compraria um barco

Escreva 4 ou 5 frases parecidas com esta em uma folha. Corte as frases, misture bem e passe-as para o outro grupo. Agora eles devem formar frases, que não precisam ser idênticas às originais, e lê-las para vocês. Vocês decidem se a frase tem sentido ou não. O professor pode ajudar nos casos mais difíceis.
Os elementos abaixo podem ajudar.

ter dinheiro   comprar uma casa   ser brasileiro

contratar um motorista

falar espanhol

estudar Português

viajar pelo mundo   estudar direito

R7 Palavras cruzadas

Horizontais

1 Tempestade (plural)
2 Estado do Amazonas (sigla); conjunção, esta, _____, aquela.
3 7ª nota musical
4 Constrói ou conserta muros e paredes (plural)
5 No telefone: "_____ ?"
6 Conjunção; v. Ficar, 1ª p.s., Presente do Indicativo
7 V. Somar, 3ª p.pl., Presente do Subjuntivo
8 Preposição; Cecília de Oliveira (iniciais)
9 Conserta carros (plural)

Verticais

1 V. Tampar, 3ª p.pl., Imperfeito do Subjuntivo
2 Preposição; pronome pessoal, 3ª p.s.; Eu _____ vesti.
3 V. Ir, particípio passado
4 O que fica dentro do sapato; aqui, aí, ali, _____
5 Real (plural)
6 2ª nota musical; v. Comer, 1ª p.s., Pret.Perf. do Indicativo
7 Artigo definido, f.pl.; abreviação de Ondas Médias (freqüência de rádio)
8 Isto, _____, aquilo; repetição, ressonância
9 V. Sair, 1ª p.pl., Imperf. do Subj.

	1	2	3	4	5	6	7	8	9
1									
2			■		■				
3		■		■		■	■		
4									
5				■		■	■	■	
6			■					■	
7		■	■						
8			■		■		■		
9									

Sorte ou azar?   A1

Relacione a figura com a palavra.

escada
figa
pé de coelho
espelho quebrado
trevo
ferradura
gato preto
dia 13, 6ª feira

1. Quais destes objetos têm algum significado especial em seu país? No Brasil, todos eles estão ligados a superstições. Você tem alguma superstição? O que você acha de tudo isso?

2. Fale com seus colegas sobre o assunto. Os elementos abaixo podem ajudá-lo no diálogo.

É um absurdo que ...	Como é que alguém pode aceitar uma coisa dessas?
De jeito nenhum!	É possível que ...
Mas que bobagem!	Ninguém sabe se ...
Que absurdo!	Por que não?
É fantástico que ...	Eu não acredito, mas ...

Simpatias   A2

1. Leia o texto da primeira "simpatia". Depois indique entre os vários sentidos da palavra o que se ajusta aqui.

Para conquistar alguém

Se você quiser conquistar alguém especial, escreva o nome completo da pessoa num papel e coloque-o numa panelinha com água e bastante açúcar. Leve ao fogo para ferver. Quando estiver fervendo, desligue. Depois, jogue tudo num riacho qualquer e vá embora sem olhar para trás.

simpatia. [Do gr. *sympátheia*, 'conformidade de gênios', pelo lat. *sympathia*.] S. f. 1. Tendência ou inclinação que reúne duas ou mais pessoas: *Entre os membros do Congresso reinava grande simpatia.* 2. As relações que há entre pessoas que instintivamente se sentem atraídas entre si: *Era notória a simpatia entre o professor e os alunos.* 3. Sentimento caloroso e espontâneo que alguém experimenta em relação a outrem: *ter simpatia; despertar simpatia.* 4. Primeiros sentimentos de amor: *A simpatia entre Romeu e Julieta foi obra de um momento.* 5. Faculdade de compartir as alegrias ou tristezas de outrem: *expressões de simpatia.* 6. Atração que uma coisa ou uma idéia exerce sobre alguém: *Sempre tive simpatia pela pintura;* "Com a estada dos políticos liberais na Inglaterra, e em conseqüência da simpatia crescente da Marquesa de Alorna pela literatura alemã, aumenta em Portugal o gosto pela cultura anglo-germânica" (Feliciano Ramos, *História da Literatura Portuguesa*, p. 437). 7. *Bras.* Interesse em atender as pretensões de alguém: *O funcionário olhou o caso com simpatia.* 8. Pessoa muito simpática: *É feia, mas é uma simpatia.* 9. *Bras.* Tratamento intencionalmente amistoso dado a alguém: *Conseguiu fazer andar o meu processo, simpatia?* 10. *Bras.* Ritual posto em prática, ou objeto supersticiosamente usado, para prevenir ou curar uma enfermidade ou mal-estar. 11. *Ant.* Tendência que se julgava existir entre as qualidades de certos corpos. [Antôn., nas acepç. 1 a 4 e 6: antipatia.]

2. Agora leia mais estas simpatias.

Contra o mau olhado

Passe a mão na corcunda de um padre. Nada atingirá você!

É tiro e queda!

Se você quiser que a visita vá logo embora, ponha uma vassoura atrás da porta.

Contra olho gordo

Para evitar a inveja, arranje um ramo de arruda e deixe secar. Quando estiver bem seco, pendure-o atrás da porta de entrada de sua casa. Faça, com um pedaço de pano branco, um saquinho. Coloque dentro um outro ramo. Costure e use-o sempre.

Para ganhar dinheiro

Pegue sete moedinhas de pouco valor. Escolha um lugar verde e agradável. Jogue, aí, as moedinhas bem longe. Dinheiro vai chover depois.

ou

Coloque, em cada canto de sua casa, uma moeda de qualquer valor. Depois, é só esperar. Dinheiro não faltará.

3. Discuta o assunto "simpatias" com seus colegas. Faça perguntas. Responda as deles.

Perguntando	Respondendo

Perguntando

Em sua opinião ...?
Você é a favor ou contra ...?
O que você acha disso?
Você concorda com ...?
Você discorda de ...?
Você acha que ...?

Respondendo

Dando opinião

A meu ver, ...
Em minha opinião, ...
Eu sou da opinião que ...
Para mim, ...
Eu sou a favor/contra ...
Eu sou completamente contra ...
Eu acho interessante/absurdo ...
Eu acho que sim/que não ...
Concordo plenamente
Concordo em termos
Discordo disso

Expressando indecisão

Não tenho opinião formada sobre ...
Não sei dizer se ...
Não sei o que dizer sobre ...
Talvez. Quem sabe?

Expressando indiferença

Não acho nada.
Para mim tanto faz.
Sei lá.

- Amanhã não pode chover. De jeito nenhum. Se chover, o churrasco vai por água abaixo. Ai! meu Deus! Não quero nem pensar ...
- Calma! Não vai chover coisa nenhuma. Peça ajuda à Santa Clara! Preste atenção! Se . amanhã até às 10 horas o sol não tiver saído, não perca tempo: ponha um ovo no telhado de sua casa ou em cima do muro e reze 3 padre-nossos para Santa Clara. Você vai ver: não vai chover.

No Brasil, país essencialmente católico, os santos da Igreja fazem parte do dia-a-dia de muita gente.

- Quer tempo bom? Reze para Santa Clara.
- Problemas de família? Isso é com São José.
- Medo de trovão? Peça ajuda à Santa Bárbara.
- Preocupado com sua vista? Já não pode ver muito bem? Santa Luzia vai ajudar você.
- Procurando marido? Reze para Santo Antônio.
- Perdeu alguma coisa? Isso também é com Santo Antônio.
- Problemas de dinheiro? São Pedro, claro.
- Querendo o impossível? Só com Santa Rita.

1. Agora use a sua imaginação. Se nada mais funcionar, a quem pedir ajuda se um dia você:

perder seu emprego?
não tiver dinheiro para pagar uma conta?
quiser casar-se?
não quiser que cancelem o jogo de domingo?

> Preciso de sete moedinhas.
> Assim talvez possa pagar a conta.

2. Converse com seu colega. Imaginem outras situações como essas:

A namorada foi embora.   Você vai fazer um exame difícil ...
O namorado

Você quer muito que assinem aquele contrato, mas está difícil ...

Como resolver o problema?

B1 Futuro do subjuntivo: Forma

Eu	-	fizer
Você \		
Ele	-	fizer
Ela /		
Nós	-	fizermos
Vocês \		
Eles	-	fizerem
Elas /		

O Futuro do Subjuntivo é derivado da 3ª pessoa do plural do Pretérito Perfeito do Indicativo:

eles fizeram - quando eu **fizer**
eles quiseram - quando eu **quiser**
eles falaram - quando eu **falar**

1. Dê a forma da 3ª pessoa do plural do pretérito perfeito e a forma do futuro do subjuntivo.

ter – *eles tiveram*

beber – _____

vir – _____

saber – _____

poder – _____

pôr – _____

ver – _____

você – *quando você tiver*

eu – _____

nós – _____

eles – _____

nós – _____

eu – _____

ela – _____

2. Trabalhe com seu colega. Respondam a estas perguntas.

Quando iremos à praia?
Quando vamos falar com ele?

Você vai escrever para ele?
Você vai tentar essa "simpatia"?

B2 Usos do futuro do subjuntivo

Expressando ação no futuro, é usado depois das seguintes conjunções:	Quando a ação não está no futuro, depois destas conjunções o verbo é conjugado no Indicativo:
quando enquanto depois que **sempre que logo que se como**	
	Quando ele vai ao Rio, visita os amigos.
Venha quando **quiser**.	foi visitou
Não vou sair enquanto **estiver** chovendo.	ia visitava
Visite-nos sempre que **estiver** na cidade.	Sempre que vou visito
Se **chover**, não sairemos.	fui visitei
Farei isso como **puder**.	ia visitava

1. Faça frases.

Não comprarei a blusa	se	(estar) trabalhando.
Teremos problemas	depois que	(poder).
Ela vai descansar	quando	(terminar) seu trabalho.
Pensem em mim	enquanto	(fazer) isso errado.
Venha para casa	sempre que	não (ter) dinheiro.
Façam	logo que	(querer).
Fechem bem a porta	como	(sair)

2. Complete com o futuro do subjuntivo.

Não sairei daqui enquanto ...
Ele receberá um diploma quando ...
Não vamos organizar a festa se ...

Com orações relativas

Comprarei o que puder.
Levarei para casa tudo quanto eu comprar.
Levaremos conosco tudo o que quisermos.

Vou falar com todos os que vierem.
Deixaremos os livros onde você quiser.

3. Complete as frases. Observe os exemplos.

6

Vou falar tudo o que eu quiser.

_____ quem tiver tempo.

Ajudarei todos os que precisarem.

_____ onde ele estiver.

Leve o que você puder.

_____ com todos os que estiverem lá.

_____ tudo o que ele trouxer.

_____ quem souber inglês.

Futuro do subjuntivo composto - Forma e uso   B3

eu - tiver morado você \ ele - tiver morado ela / nós – tivermos morado vocês \ eles – tiverem morado elas /	O futuro do subjuntivo composto indica ação terminada. É usado nas mesmas condições do futuro do subjuntivo simples:: Só sairei do escritório quando **tiver terminado** meu trabalho. Ele pagará o aluguel depois que **tiver recebido** seu salário.

Responda com o futuro do subjuntivo composto.

Quando você vai comprar móveis novos? (depois que (pintar) a casa)
Vou comprar móveis novos só depois que tiver pintado a casa.

Quando você vai viajar? (quando(entrar) em férias) _____

Ele vai ser promovido? (se (fazer) um bom trabalho) _____

Quando ele vai telefonar? (assim que (chegar) em casa) _____

C   Vovó Maria

Existem pelo Brasil pessoas que dizem ter poderes especiais. Por um preço baixo, às vezes até gratuitamente, elas atendem clientes, ouvem seus problemas, dão consultas, prevêem o futuro, adivinham fatos passados, doenças etc.

Trabalhe com seu colega. Leiam os anúncios abaixo e escolham entre Vovó Maria, Dona Mara e Dona Luíza. Expliquem o motivo da escolha. Em seguida, simulem uma consulta.

VOVÓ MARIA em sua própria chácara

Atenção   procure   VOVÓ   MARIA

Não é preciso mais ir à Bahia para fazer trabalhos de limpeza de corpo

VOVÓ MARIA JOGA-SE BÚZIOS E TARÔ

JOGA-SE BÚZIOS PELO MÉTODO AFRICANO

FAZ-SE QUALQUER TIPO DE TRABALHO

Você foi vítima de um trabalho de magia negra?
O homem ou mulher de quem você gosta não lhe corresponde?
De tanto sofrer você perdeu a fé?
A vida para você deixou de ter significado?
Você é infeliz na vida conjugal?
Sua vida está amarrada?
Nada que você faz dá certo?
Você foi vítima de um despacho e não sabe?

PROCURE-NOS SEM DEMORA

CONSULTA AO ALCANCE DE TODOS

RODOVIA FERNÃO DIAS, km 889
EM FRENTE AO POSTINHO DE GASOLINA
BISTECÃO EXTREMA-MG
ATENDEMOS DIARIAMENTE DAS 9:00 às 18:00 HS.
DOMINGOS ATÉ às 12:00 HS.

PODERÁ LHE INTERESSAR
BÚZIOS E TARÔ

Poderás saber os fatos mais importantes de sua vida através da Grafologia e ciências ocultas. A Grafologia é uma ciência positiva. Dona LUIZA com uma consulta esclarecerá suas dúvidas e trará meios necessários para a solução de seus problemas como: Dúvidas, Mau Olhado, Preocupações, Negócios, Trabalho, Viagens e Amor. Dona LUIZA atende: Das 8 às 20 horas de Segunda a Sábado.

RUA IGUATEMI, 132 - ITAIM BIBI

a 20 metros da Rua Tabapuã, esta rua é continuação da Av. Brigadeiro Faria Lima

--------LEIA COM ATENÇÃO--------
DONA MARA

Por meio de uma consulta vos revelará os fatos mais importantes de nossa vida, Assuntos particulares, Negócios, Viagens, Casamentos. Fazer voltar alguém para sua companhia ou qualquer assunto que lhes preocupa. E trata também de qualquer embaraço, qualquer vício ou sofrimento espiritual. Seus trabalhos são rápidos, sinceros e garantidos.

Atende todos os dias, também domingos e feriados, das 8 da manhã às 9 da noite

Em sua residência na

Rua Joaquim Nabuco, 1484 - Fone 533-7618 - Brooklin Velho

Esta rua começa na Av. Sto. Amaro junto ao Banco Bradesco

1. Ouça as lendas e identifique as figuras.

| Saci-Pererê | Curupira | Iara | Lobisomem |

2. Relacione.

Iara	protetor dos animais selvagens	cabelos verdes	dentes verdes
Curupira	meio homem, meio lobo	pêlo vermelho	preto como carvão
Saci	mulher bonita e perigosa	rio	pé virado para trás
Lobisomem	moleque levado	carapuça vermelha	peneira
	sétimo filho homem	6ª feira à noite	uma perna só

3. Organize as ilustrações para recompor 2 das histórias.

4. Prepare com seu colega a narração de uma lenda. Usem o dicionário se for necessário.

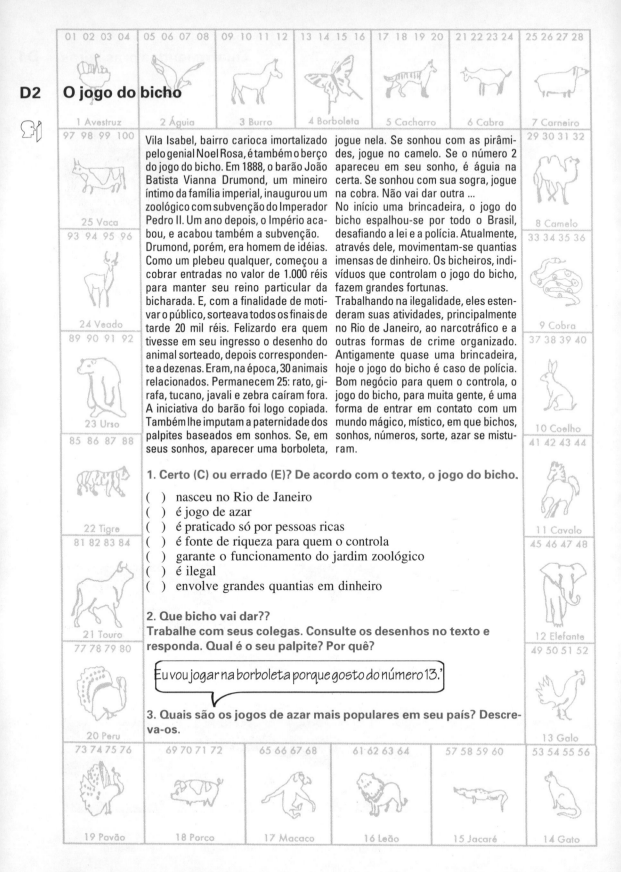

01 02 03 04	05 06 07 08	09 10 11 12	13 14 15 16	17 18 19 20	21 22 23 24	25 26 27 28
1 Avestruz	2 Águia	3 Burro	4 Borboleta	5 Cachorro	6 Cabra	7 Carneiro

O jogo do bicho

Vila Isabel, bairro carioca imortalizado pelo genial Noel Rosa, é também o berço do jogo do bicho. Em 1888, o barão João Batista Vianna Drumond, um mineiro íntimo da família imperial, inaugurou um zoológico com subvenção do Imperador Pedro II. Um ano depois, o Império acabou, e acabou também a subvenção.

Drumond, porém, era homem de idéias. Como um plebeu qualquer, começou a cobrar entradas no valor de 1.000 réis para manter seu reino particular da bicharada. E, com a finalidade de motivar o público, sorteava todos os finais de tarde 20 mil réis. Felizardo era quem tivesse em seu ingresso o desenho do animal sorteado, depois correspondente a dezenas. Eram, na época, 30 animais relacionados. Permanecem 25: rato, girafa, tucano, javali e zebra caíram fora. A iniciativa do barão foi logo copiada. Também lhe imputam a paternidade dos palpites baseados em sonhos. Se, em seus sonhos, aparecer uma borboleta, jogue nela. Se sonhou com as pirâmides, jogue no camelo. Se o número 2 apareceu em seu sonho, é águia na certa. Se sonhou com sua sogra, jogue na cobra. Não vai dar outra ...

No início uma brincadeira, o jogo do bicho espalhou-se por todo o Brasil, desafiando a lei e a polícia. Atualmente, através dele, movimentam-se quantias imensas de dinheiro. Os bicheiros, indivíduos que controlam o jogo do bicho, fazem grandes fortunas.

Trabalhando na ilegalidade, eles estenderam suas atividades, principalmente no Rio de Janeiro, ao narcotráfico e a outras formas de crime organizado. Antigamente quase uma brincadeira, hoje o jogo do bicho é caso de polícia. Bom negócio para quem o controla, o jogo do bicho, para muita gente, é uma forma de entrar em contato com um mundo mágico, místico, em que bichos, sonhos, números, sorte, azar se misturam.

1. Certo (C) ou errado (E)? De acordo com o texto, o jogo do bicho.

( ) nasceu no Rio de Janeiro
( ) é jogo de azar
( ) é praticado só por pessoas ricas
( ) é fonte de riqueza para quem o controla
( ) garante o funcionamento do jardim zoológico
( ) é ilegal
( ) envolve grandes quantias em dinheiro

2. Que bicho vai dar??
Trabalhe com seus colegas. Consulte os desenhos no texto e responda. Qual é o seu palpite? Por quê?

Eu vou jogar na borboleta porque gosto do número 13.'

3. Quais são os jogos de azar mais populares em seu país? Descreva-os.

97 98 99 100	29 30 31 32
25 Vaca	8 Camelo

93 94 95 96	33 34 35 36
24 Veado	9 Cobra

89 90 91 92	37 38 39 40
23 Urso	10 Coelho

85 86 87 88	41 42 43 44
22 Tigre	11 Cavalo

81 82 83 84	45 46 47 48
21 Touro	12 Elefante

77 78 79 80	49 50 51 52
20 Peru	13 Galo

73 74 75 76	69 70 71 72	65 66 67 68	61 62 63 64	57 58 59 60	53 54 55 56
19 Pavão	18 Porco	17 Macaco	16 Leão	15 Jacaré	14 Gato

1. Diga o que se pode fazer com uma casa

construir   destruir   demolir   reformar   mobiliar

pintar   vender   comprar   alugar   emprestar   limpar   ...

2. Agora continue. Jogue com seu colega. Tente achar pelo menos 6 verbos.

O que se pode fazer com ...

uma folha de papel	uma panela	uma escada de pedreiro	uma árvore
uma vassoura	uma fita (de tecido)	dinheiro	um ovo	uma viagem

Bicharada   E2

Aqui está uma relação de nomes de animais, aves e insetos.

abelha galo égua andorinha cachorro aranha carneiro arara cabrito cobra galinha cavalo
burro cão cabra cadela vaca ovelha pato peru pombo mosca pardal rato

6

1) Relacione

abelha	tecido
andorinha	leite
cachorro	transporte
cavalo	mel
ovelha	sopa
vaca	amigo
aranha	verão
peru	lã
pombo	queijo
mosca	Natal
rato	correio

2) Complete.

Macho	Fêmea
cão	_____
_____	galinha
_____	égua
bode	_____
_____	ovelha

3) Dê o nome do animal ligado à idéia correspondente.

força	leão
deserto	_____
marfim	_____
sujeira	_____
veneno	_____
fertilidade	_____
vaidade	_____

4) Da relação acima, extraia as aves.

Ligeirinho   E3

Procure as palavras abaixo no dicionário e faça uma frase com cada uma delas. Ganha quem acabar primeiro ou quem tiver mais frases após 10 minutos.

doce trabalhoso transparente surdo natural sólido sensível sincero

Lição 7

A1 O Brasil em 500 anos

Segundo a tradição, o Brasil foi descoberto por acaso: uma longa calmaria mudou o roteiro de Pedro Álvares Cabral e ele, com suas caravelas, ao invés de chegar às Índias, acabou ancorando em praias desconhecidas, cobertas de areia branca e coqueiros, com índios nus a espreitá-lo por detrás das árvores. Pero Vaz de Caminha, o escrivão da armada, fez um longo relato ao Rei de Portugal, sobre o mundo que os portugueses tinham acabado de descobrir. Caminha fala de uma terra cheia de beleza e de fartura.

Acontece, porém, que Portugal tinha outras preocupações e, por muitos e muitos anos, deixou lá ficar o Brasil com suas praias e coqueiros e seus índios nus. Nada ou quase nada fez a metrópole para desenvolver a colônia.

Durante 300 anos, Portugal lembrou-se do Brasil apenas para levar dele suas vastas riquezas naturais (pau-brasil, ouro, pedras preciosas). Em 300 anos, entretanto, formou-se um povo novo — o brasileiro. Houve tentativas de independência, sufocadas sempre com mão de ferro, como a trágica Inconfidência Mineira, de Tiradentes.

Em 1808, porém, fugindo de Napoleão, a velha corte portuguesa veio em peso buscar abrigo no Brasil. O rei, a rainha, os príncipes, todos os membros da Família Real, artistas, cientistas, poetas, — 15.000 pessoas invadiram o Rio de Janeiro, uma cidadezinha pacata e insalubre de 60.000 pessoas, a metade delas escravos. O Rio de Janeiro mostrou-se imediatamente cenário inadequado para os cetins, as sedas, as jóias e a sofisticação dos nobres portugueses.

Pela primeira vez, depois de tão longos anos, preocuparam-se os portugueses em melhorar as condições do Brasil — agora a sede do governo. Abriram-se os portos, construíram-se escolas e parques, hospitais e mansões. Os artistas e os cientistas olhavam agora com olhos interessados o mundo redescoberto. Assim, só a partir da vinda da Família Real para o Brasil, pode-se, efetivamente, falar de desenvolvimento. Quebrou-se, desse modo, o longo silêncio de 300 anos.

Depois os fatos foram-se sucedendo: a proclamação da Independência, o Império com D. Pedro I e depois o II, o início do ciclo do café, a chegada maciça de imigrantes ao Sul e Sudeste, antecipando a abolição da escravatura, que acabou acontecendo em 1888. No ano seguinte, o exílio do Imperador na França, em decorrência da proclamação da República. Depois, o Sul e o Sudeste, marcados pela prosperidade trazida principalmente pelo café, passaram a ser o centro das decisões políticas do país. Em seguida, a longa ditadura de Getúlio Vargas, quinze anos, e quatro anos depois, Getúlio novamente, dessa vez eleito pelo povo, que, em 1954, assistiu aterrado a seu suicídio. Dias difíceis. Depois, os tempos alegres de Juscelino Kubitschek, a construção de Brasília, a indústria automobilística e aí a renúncia de Jânio em 1961, os tempos de agitação política e os 20 anos escuros e pesados de regime militar. Anos de chumbo, e, outra vez a democracia, com seus altos e baixos.

Nestes seus 500 anos, as quietas praias brancas de Cabral e todo o resto do vasto território brasileiro viram passar pessoas, fatos, o tempo ...

A cada década há um novo Brasil que, no entanto, permanece sempre essencialmente o mesmo: um país de dimensões continentais, riquíssimo de recursos naturais, produtor e exportador de soja e carros, café e aviões, caracterizado por influências européias, africanas e indígenas, um gigante às voltas com seus problemas sociais e estruturais e seus desequilíbrios regionais, com um pé no 1º mundo e o outro no 3º, mas sempre o mesmo país enorme, de clima bom, de gente afável e de boa índole, um povo otimista e de espírito empreendedor.

Cabral, meu velho, quem haveria de dizer, heim?!

1500	Cabral chega ao Brasil
1530	Dom João III institui o regime de capitanias hereditárias
1538	Chegam ao Brasil os primeiros escravos africanos
1549	Primeiro governo geral no Brasil: Tomé de Souza é o governador
1565	Estácio de Sá funda a cidade de São Sebastião (Rio de Janeiro)
1789	Inconfidência Mineira, Tiradentes é condenado à morte em 1792
1808	A corte portuguesa chega ao Rio de Janeiro
1822	Dom Pedro I proclama a independência do Brasil.
1824	Primeira Constituição Início da imigração: colonização alemã do Rio Grande do Sul.
1864-1870	Guerra do Paraguai
1888	A Lei Áurea abole a escravidão
1889	Proclamação da República
1930-1945	Ditadura de Getúlio Vargas.
1950	Vargas é eleito Presidente.
1954	Suicídio de Vargas
1960	Juscelino Kubitschek inaugura Brasília.
1964-1984	Regime militar
1989	Primeira eleição direta para Presidente da República após a ditadura.
1992	Impeachment do Presidente Fernando Collor.

1. Leia o texto e relacione os fatos às datas apresentadas na tabela acima.

2. Trabalhe com seu colega. Preparem uma tabela com os acontecimentos mais importantes da história de seu país. Depois, apresentem-no a seus colegas.

68

Segundo a Constituição, no Brasil o voto é:
I – obrigatório para os maiores de dezoito anos;
II – facultativo para:
a) os analfabetos;
b) os maiores de setenta anos;
c) os maiores de dezesseis e menores de dezoito anos.

Cada estado tem um número de Deputados Federais proporcional à sua população, porém não menos do que 8 ou mais do que 70. Com isso, o Acre, por exemplo, que possui 0,28% dos eleitores brasileiros, ocupa 1,56% das vagas, enquanto São Paulo, com 21% dos eleitores, ocupa somente 13% das vagas

Se nenhum candidato a presidente alcançar a maioria absoluta dos votos (metade dos votos válidos), realiza-se um segundo turno da eleição, entre os dois candidatos mais votados.

No Brasil, o presidente é eleito em votação direta

Discuta com seus colegas. O que você acha destas regras? Como é no seu país?

Votar com 16 anos é absurdo!
Quatro anos é pouco tempo!
Voto obrigatório? Não acho certo.
Eu acho que o presidente tem que poder ser reeleito

E daí?   Tanto faz, isso não é importante.
Eu não me importo, desde que...

Eu acho certo!   Concordo!
Discordo!   Isso não está certo!

7

Já sabe em quem votar? **A3**

- Daqui a pouco tem eleições de novo. Você já sabe em quem vai votar?
- Não faço a mínima idéia. Se o voto não fosse obrigatório, nem votava...
- Mas precisa votar!
- Para quê? Os partidos são todos iguais, e os políticos, não tem um que se salve!
- Que é isso, você é muito pessimista. Se todo mundo pensasse como você ...

Fale com seu colega. Como continua o diálogo? Os elementos na caixa podem ajudar.

Tenho certeza que ...   A única forma de mudar é ...   É fundamental que nós ...
Eu não me importo com ...Meu voto não muda nada ...   O que importa se eu ...?
Nós precisamos de alguém que ...

B1 Presente do indicativo ou presente do subjuntivo?

> Você se lembra como se usa o presente do subjuntivo? Se não, leia novamente as regras na página 113 do Livro 1 e nas páginas 29 e 30 da lição 3 deste livro.

1. Trabalhe com seu colega. Quem encontra a melhor desculpa? Você não quer aceitar o convite, mas quer ser diplomático.

Você é convidado para:

- o aniversário de sua tia chata
de 74 anos no dia da final da
Copa do Mundo de futebol.
- um churrasco com a turma
do escritório, que você detesta.
- um jantar com o chefe na noite
de seu aniversário de casamento.
- ser secretário do clube de xadrez
do bairro, mas seu hobby é ginástica.

Sinto muito que ... Fico feliz que ... Fico chateado que ... Que pena/É uma pena que ...
Puxa vida!   Que pena!   Fico muito feliz.   Eu sinto tanto!

2. Trabalhe com seus colega. Preparem 5 a 10 sugestões para alguém que vai aprender uma língua estrangeira.

É importante que ...   É necessário que ...   Basta que ...   É fundamental que ...
Isso é importante!   É muito necessário.   ... é bom!

3. Relacione os elementos e escreva as frases

Vou aprender esta língua	nem que	ainda (poder) falar com ele.
Tenho que telefonar para a Paula	para que	(demorar) 5 anos.
Gosto muito dele	embora	nos (conhecer) pouco.
Já são 5 horas	mas	ela me (dar) seu endereço.
O Carlos está doente	por isso	a reunião (estar) cancelada.
O relatório não ficou pronto	porque	a minha máquina de escrever (estar) quebrada.

4. Complete as frases

a) Para ser presidente é necessário que ...

b) Fiquei muito feliz! Você ...

c) É muito importante que eu ...

d) Para aprender português basta que ...

e) Se você quer ir para o Brasil convém que ...

f) Para ser um bom político é muito importante que ...

g) Eu vou para o Rio amanhã nem que ...

Perfeito, imperfeito do indicativo ou imperfeito do subjuntivo?   B2

> Você se lembra de quando usar o imperfeito do subjuntivo? Se não, leia novamente as regras na página 38 da lição 4.

1. Complete as frases

a) Achei uma pena que você ...

b) Fiquei tão feliz quando ela ...

c) Eu fiquei tão chateado! Eu não ...

d) Ficamos muito contentes que vocês ...

e) Que bom! Ontem eu ...

2. Complete

Paulinha,

muito obrigada pelo fim-de-semana em Búzios! Foi ótimo que _____ (ter) tempo para conversar bastante, para botar os assuntos em dia. O Teco também adorou, embora não _____ (gostar) da companhia que você arranjou para ele: ele _____ (achar) a Sandra muito chatinha! Já eu _____ (adorar) o Fábio, pena que ele _____ (estar) com aquela chata da Malu! Acho que ele _____ (gostar) de mim também: bastou que eu _____ (chegar) em casa que ele me telefonou. Na próxima vez você poderia convidá-lo sozinho... Vamos para Petrópolis neste fim-de-semana? Mande-me uma cartinha ou me ligue no escritório.

Beijão

Carla

B3 Indicativo ou subjuntivo?

Trabalhem em 2 grupos. Cada grupo escolhe as palavras de uma das caixas abaixo. O primeiro grupo que conseguir inventar uma história com todas as palavras da caixa ganha!

é impossível que...	Marte
embora...	no centro do Rio
a não ser que...	
acreditar	achar que
ficar feliz	ficar preocupado

não acreditar que	nem que
ficar preocupado	
para que	mesmo que
	descer do telhado
porque	

B4 Pronomes relativos

Este é	o livro	que comprei.
Esta é	a mesa	
Estes são	os livros	
Estas são	as cadeiras	

Este é o livro com o qual estudei.
Esta é a mesa da qual lhe falei.
Estes são os livros com os quais estudei.
Estas são as mesas das quais lhe falei.

Aquele rapaz que encontramos ontem é o namorado da Lucinha.
Aquelas pessoas que vieram à minha casa são todas da universidade.

Esta é a Carla, com quem vou trabalhar no novo projeto.
Aqueles estudantes, com quem falamos, são da Nigéria.

Que, quem podem ser substituídos por o qual, a qual, os quais, as quais.
Quem refere-se a pessoas e vem sempre precedido de preposição.

1. Relacione.

Este é o carro	–	que	você cumprimentou?
Ela não é a garota	para	quem	comprei ontem.
Quem é o rapaz	a	o/a qual	falamos na festa ontem?
Esta é a canção	de	os/as quais	vamos ajudar a estudar.
É ele	com		lhe falei.
Aquela pessoas			viajamos são todas ex-colegas de escola.

Observe o exemplo:
Este é o Pedro. Você conheceu as filhas do Pedro ontem.
Este é o Pedro cujas <u>filhas</u> você conheceu ontem lá em casa.

Todas as pessoas cuja <u>bagagem</u> não foi encontrada, devem dirigir-se ao balcão de informações.
Os passageiros cujo <u>vôo</u> está atrasado, devem ir até o balcão da companhia aérea.
Aquele é o Paulo cujos <u>livros</u> estão publicados no mundo inteiro.

2. Complete.

a) Os alunos _____ carros estão na frente da escola, devem deixar a chave na secretaria.

b) A Denise, _____ filhos estudam com os meus, vem para jantar hoje.

c) Os passageiros _____ bagagem ainda está na alfândega, devem esperar junto ao balcão.

d) Preciso de um carro _____ consumo de combustível seja baixo.

e) Paulo, _____ notas foram muito baixas, vai repetir de ano.

Brasileiras e brasileiros   C

Trabalhem em grupos.

1. Vocês querem se eleger presidente do Brasil. Façam uma lista dos problemas a serem resolvidos e das soluções possíveis.

Acabar com a pobreza e as injustiças sociais

Criar empregos...

Construir pontes, estradas...

Diminuir os impostos

Abaixar a inflação

Aumentar os salários

Modernizar os transportes, as comunicações, ...

Cuidar da saúde e da educação

2. Montem um programa de governo e o discurso do seu candidato. Um de vocês vai discutir com o "candidato" do outro grupo.

No meu governo pretendo ...
O meu plano de governo inclui ...
Vou acabar com ...
Nunca mais acontecerá que ...
Não haverá mais ...
É uma promessa que vou cumprir ...

D1 Vida política...

1. **Fale com seus colegas. Como é a imagem dos políticos em seu país? Há muitas histórias, piadas ou anedotas sobre eles?**

2. **Trabalhem com o dicionário. O que significam as palavras abaixo?**

poder   segredo   jurar   guardar um segredo   honesto   servir

Vitamina P
Certa vez, uma jovem repórter entrevistava Ulysses Guimarães, na época presidente da Câmara dos Deputados e com quase 80 anos de idade, figura muito ativa na vida política nacional. Ao final da entrevista, a moça pergunta:
– Dr. Ulysses, e qual é o segredo para essa energia toda? Como o Sr. se mantém tão jovem?
– É a vitamina P, responde o político com um sorriso.
– Vitamina P? Essa eu não conheço!
– P de poder, minha filha...

Segredos
Tancredo Neves, quando candidato à Presidência da República, foi procurado por um político do interior:
– Dr. Tancredo, tenho algo muito importante a lhe contar, mas o senhor precisa jurar que não vai contar para ninguém. É segredo absoluto!
– Meu amigo – responde Tancredo – como posso lhe jurar tal coisa? Se você, que é o dono do segredo, não consegue guardá-lo, imagine eu!

Imagine eu!
Como é comum em época de campanha política, o escritório de José Alckmin em Minas Gerais era procurado por inúmeras pessoas que pediam ajuda financeira em troca de promessa de votar no candidato. Alckmin era conhecido pela sua aversão a este tipo de pedidos, e fazia qualquer coisa para não ter que falar pessoalmente com os pedintes.
Certo dia, não conseguiu fugir. Um rapaz do interior, após persegui-lo o dia inteiro, conseguiu finalmente aproximar-se dele: "Dr. Alckmin, vim para lhe pedir uma ajudinha. É que a minha mulher teve filho, e me pegou desprevenido. Juro que sou eleitor seu...".
"Impossível, meu filho. Se você foi pego desprevenido, que teve 9 meses para se preparar, imagine eu!"

3. **Trabalhem em duplas. Tentem lembrar-se de uma anedota envolvendo políticos de seu país e escrevam-na. Leiam-na depois para seus colegas.**

1. Ouça o texto e marque a alternativa correta.

a) O Dr. Ventura responde muito bem às acusações do entrevistador.
b) O entrevistador não deixa o Dr. Ventura falar.
c) O Dr. Ventura tenta, mas não consegue responder às perguntas.

2. Ouça o texto novamente. Quais dos assuntos abaixo são mencionados nas perguntas?

A família do Dr. Ventura.
O Dr. Ventura ficou rico depois de ser nomeado diretor do Iapetelec.
O Dr. Ventura é um homem honesto e bom pai de família.
A saúde do Dr. Ventura.
A canoa do Dr. Ventura.

3. Trabalhe com o dicionário. O que significa a expressão "Fez a fama e deitou na cama"?

Explique para seus colegas   E

O que significam as palavras abaixo? Explique-as para os seus colegas.

eleitor
votar
candidato
ser eleito
voto
deputado
presidente
inflação
rei
eleição
senador

Lição 8

A1 O trânsito urbano

Utilize a lista de palavras abaixo. Que elementos você encontra na ilustração?

o guarda de trânsito	a valeta	a ponte
o cruzamento	as tartarugas	o viaduto
a esquina	a vaga	o poste
a calçada	a pista exclusiva para bicicleta	o ponto de ônibus
o semáforo ou sinal	a ilha	o ponto de táxi
a faixa para pedestres	o retorno	a zona azul
a placa de trânsito	a faixa exclusiva para ônibus	
a lombada	a passarela	

1. Observe o quadro e descreva as infrações de trânsito. A lista abaixo vai ajudar você.

atravessar fora da faixa	cartão	dirigir com excesso de velocidade
não obedecer ao sinal, ao semáforo	estacionar em local proibido	queimar a faixa de pedestres
estacionar sobre a calçada	fazer conversão proibida	ultrapassar pela direita
estacionar em fila dupla	dirigir na contramão	atropelar alguém
estacionar na zona azul sem	dirigir na faixa exclusiva dos ônibus	

2. Ouça a fita e acompanhe a história pelos quadrinhos abaixo.

Eu não tinha outro jeito.   Não adianta discutir.   É um absurdo!   Assim não dá!

2. Trabalhe com sua/seu colega. Imaginem e apresentem o diálogo entre a moça e o guarda. A moça tentará convencer o guarda a não aplicar a multa. Ele não aceita seus argumentos e apresenta os dele.

A3   O Povo Reclama

Caro Editor

Na última 4ª feira, voltando de uma festa, não sei por quê, apareceu na minha frente uma lombada, dessas que a Prefeitura resolveu espalhar pela cidade. Eu estava a 30 km por hora, juro!, mas não deu para parar. Voei por cima da lombada, bati a cabeça no teto do carro (ainda está doendo) e fui aterrissar do outro lado, com um barulhão. O carro não andou mais. Fiquei plantado lá, à espera de socorro, até as 4 horas da manhã e depois passei o dia seguinte tentando juntar dinheiro para o conserto. Assim não dá!
Em vez de ficar construindo essas malditas lombadas, a Prefeitura deveria, em primeiro lugar, tapar os buracos, que são muitos e cada vez maiores. Em segundo lugar devia consertar os semáforos. Aí então, seria a hora de educar os motoristas e os pedestres. Que tal? Não seria uma boa idéia? Isso já seria suficiente para termos um pouco mais de tranqüilidade.

1. Se você fosse o diretor de trânsito de sua cidade, o que você faria? Quais seriam suas prioridades? Organize suas idéias. A lista abaixo pode ajudá-lo.

educar os motoristas, os pedestres   estabelecer limite de velocidade
fazer campanhas de educação   verificar o uso do cinto de segurança, do capacete
fiscalizar a documentação dos motoristas, o estado dos carros aplicar multas   cobrar pedágio

Em primeiro lugar ...   Em segundo lugar ...Daí ... Depois ...   Finalmente ...

O trânsito do bairro   A4

1. Trabalhe com seu colega.

Considerem o trânsito de um bairro de sua cidade. Identifiquem os problemas e localizem os pontos críticos. Troquem idéias sobre o assunto, dando sugestões para melhorar a situação.

Tenho uma idéia!	Por que não? Seria ótimo!
Que tal bloquearmos / colocarmos ...?	É uma boa idéia! Genial! Ótimo!
Por que não construir ...?	Não vai dar certo.
E se nós pudéssemos/bloqueássemos ...?	Não vai funcionar porque ...
	É uma boa idéia, mas ...

2. Organizem o que foi discutido e resolvido e apresentem um plano geral para melhorar as condições de trânsito do bairro estudado.

Carro   A5

Identifique as partes numeradas.

( ) o porta-malas
( ) o tanque de gasolina
( ) o câmbio
( ) o pára-lama
( ) o motor
( ) o acelerador
( ) o pára-brisa
( ) o volante, a direção
( ) o freio de mão
( ) o pára-choque
( ) a maçaneta
( ) o painel
( ) o pneu
( ) a placa
( ) o farol
( ) a embreagem
( ) a lanterna
( ) o retrovisor externo
( ) o freio
( ) o pisca-pisca
( ) o velocímetro
( ) a buzina
( ) o limpador de pára-brisa

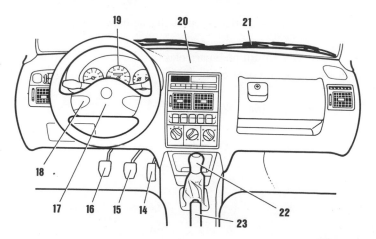

B1   Infinitivo Pessoal — Forma e uso

Falar		Ir		O Infinitivo Pessoal é o Infinitivo que tem sujeito.

O Infinitivo Pessoal é o Infinitivo que tem sujeito.
1. Ele é necessariamente usado quando:

Falar / eu, - você, \ ele, \ ela
Falarmos - nós, \ vocês
Falarem - eles, \ elas

Ir / eu, - você, \ ele, \ ela
Irmos - nós, \ vocês
Irem - eles, \ elas

a) os sujeitos das duas orações são diferentes.
João parou para (**nós**) passarmos.

b) o sujeito do Infinitivo está expresso, não importando se é igual ou diferente do sujeito da oração principal.
Por **elas** não terem convite, não puderam entrar.
Ele assinou o contrato sem **nós** o lermos.

2. Nas orações com Infinitivo sem sujeito expresso, o uso do Infinitivo Pessoal é facultativo quando o sujeito das orações é o mesmo.
Por não ter convite, **elas** não puderam entrar.
Por não terem convite, **elas** não puderam entrar.

1. Complete.

a) Para nós _____ (ver) melhor, usamos binóculos.

b) Por eles _____ (ser) nossos amigos, não reclamaram.

c) Ouvi os rapazes _____ (sair).

d) Sem eles _____ (assinar) o documento, nada poderemos fazer.

e) É necessário nós _____ (ter) paciência).

f) Ele pediu para você _____ (ficar).

2. Complete o diálogo. Siga o exemplo.

- • Então, você foi com ele?
- o Fui. Ele pediu *para eu ir.*

a)
- • Então, eles deram outra chance para você?
- o Deram. Eu pedi para eles _____

b)
- • Então, vocês explicaram a situação para ela?
- o Explicamos. Ela pediu _____

c)
- • Então eles compraram os ingressos?
- o Compraram. Eu pedi _____

3. Complete o diálogo. Siga o exemplo.

- • O guarda está olhando para nós.
- o É verdade. É melhor nós *irmos embora.*

a)
- • O guarda está olhando para você.
- o É verdade. É melhor eu_____

b)
- • O guarda está observando os meninos.
- o É verdade. É melhor eles _____

c)
- • Veja! O guarda está olhando para o Júlio e o Ronaldo.
- o É verdade. É melhor eles _____

porque, para que, até que, antes que depois que, sem que, que	por, para, até, antes de, depois, sem
Ele não vem aqui **porque** não tem tempo.	Ele não vem aqui **por** não ter tempo.
Ele trabalha mais na sexta **para que** possa descansar no sábado.	Ele trabalha mais na sexta **para** poder descansar no sábado.
É melhor **que** vocês vão embora.	É melhor vocês irem embora.

1. Diga de outra forma. Use o Infinitivo Pessoal.

a) Não faça bobagem para que não tenha problemas depois. *para não ter problemas depois.*

b) Ela sempre sai sem que nós a vejamos. _____

c) Não falei nada porque não sabia o que dizer. _____

d) Feche a porta depois que você sair. _____

e) Não digam nada sem que tenham certeza. _____

f) É melhor que vocês vão embora. _____

2. Complete com as palavras na caixa.

até que	depois de	por	para que	porque	antes que

a) Não vou sair _____ ele me escreva.

b) Vou telefonar _____ ele saiba o que aconteceu.

c) Ele não vem aqui _____ não ter tempo.

d) Não vou aceitar este salário _____ não acho justo.

e) É bom _____ você me ouvir.

f) Não vou poder fazer nada _____ você me diga tudo.

g) Desisti do plano _____ receber sua carta.

8

Orações reduzidas de Gerúndio   B3

Se ele quiser, poderá ficar aqui. ➜ Querendo, ele poderá ficar aqui.
Porque era bom em inglês, foi contratado. ➜ Sendo bom em inglês, foi contratado.
Quando entrou na sala, ele a viu. ➜ Entrando na sala, ele a viu.

1. Reduza as orações sublinhadas. Use o Gerúndio.

a) Porque estava cansado, foi embora mais cedo. *Estando cansado, foi embora mais cedo.*

b) Se vocês puderem, telefonem. _____

c) Quando atravessava a rua, viu o amigo na esquina. _____

4. Porque era muito tímido, não abriu a boca. _____

5. Se fizerem barulho, acordarão todo mundo. _____

2. Fale com seu colega. Observe o exemplo.

a) Você vai aceitar aquele emprego? Dê 5 motivos para aceitá-lo.
b) Eles te convidaram para a festa. Você vai? Dê 5 motivos para ir ou não ir.

B4 Orações reduzidas de Particípio

Quando o momento chegou, nada aconteceu.	→	Chegado o momento, nada aconteceu.
Quando as férias acabaram, voltamos para S. Paulo.	→	Acabadas as férias, voltamos para S. Paulo.

Reduza as orações sublinhadas. Use o Particípio.

a) <u>Depois que o livro foi lido</u>, ele o colocou de volta na estante.

   Lido o livro, ele o colocou de volta na estante.

b) <u>Quando vocês fizerem os cálculos</u>, perceberão que é um bom negócio.

_____

c) <u>Se vocês perderem o mapa</u>, não chegarão lá.

_____

d) <u>Quando o problema foi resolvido</u>, ela ficou mais feliz.

_____

e) <u>Depois que escrevemos as cartas</u>, fomos ao Correio.

_____

f) <u>Se perdermos a chance</u>, não vamos ter outra.

_____

g) <u>Quando o perigo passou</u>, saímos para a rua.

_____

1. Examine cada ilustração e diga o que está errado.

2. Considerando novamente cada uma das ilustrações, diga por que não se deve, por exemplo, estacionar na esquina.

Por que a gente precisa usar capacete?

A gente precisa usar capacete para proteger a cabeça em caso de acidente

3. Das infrações que aparecem nas 10 ilustrações, quais você acha mais graves? Por quê? Você comete infrações? Quais?

C2 Observe a ilustração

1. Você estava na esquina e viu o aciden-te. Como testemunha, conte o que viu.

2. Converse com seus colegas:
Quem teve culpa?

3. Como poderia ter sido evitado o acidente?

> O acidente poderia ter sido evitado se o rapaz não tivesse corrido.

D1 O que é, o que é? Adivinhe!

1. Ouça a definição e identifique o meio de transporte descrito.

2. Ouça as instruções e desenhe o meio de transporte. Identifique-o em seguida.

3. Relacione.

O carrinho de mão		chineses
A ambulância		pedras
O trenó	transporta	doentes
O riquixá		naves espaciais
O foguete		o Papai Noel

A bicicleta		pelo vento
A carroça		por remos
A canoa	é	por um motor
O trenó	movido(a)	por renas
O barco a vela		por pedais
O caminhão		por um cavalo

1. Antes de ler o texto, leia só o título e o subtítulo. De que trata o texto? Converse com seus colegas e tente adivinhar.

Seguro para mulher custa 30% menos

Apoiada em pesquisas, uma corretora criou apólice específica para mulheres motoristas

Uma pequena fatia do mercado segurador decidiu apostar no público feminino para aumentar a venda de apólices de seguro, com base num argumento simples: pesquisa feita no País mostrou que as mulheres no volante se envolvem menos em acidentes do que os homens, considerada a mesma freqüência de uso do veículo.

Estudo semelhante feito mensalmente pelo Comando de Policiamento de Trânsito (Cepetran) da Polícia Militar de São Paulo chega à mesma conclusão. De janeiro a setembro deste ano, o número de motoristas homens que tiveram acidentes de trânsito (143.178) é cerca de três vezes maior do que o de mulheres (49.768). As mulheres são mais prudentes e respeitam mais as leis do trânsito.

Na ponta do lápis isso pode representar menos prejuízo. Apoiada nas pesquisas, uma grande corretora de seguros decidiu reduzir o preço para as mulheres. Desde abril de 1992 a corretora comercializa o *Ela Clube Auto*, produto criado exclusivamente para o público feminino, que pode custar até 30% menos do que o seguro convencional.

Risco — Na contratação do seguro a mulher já ganha 10% de desconto. Os restantes 20% são concedidos de forma inversamente proporcional ao risco que represente para a companhia de seguros. Ou seja, quanto maior for o risco menor será o abatimento.

Segundo o diretor da seguradora, de 100 sinistros registrados pela corretora apenas 15 envolvem segurados mulher.

Para ele, a pesquisa mostrou ainda que as mulheres dificilmente dirigem embriagadas, são menos agressivas na direção, cuidam mais do carro e quando batem o prejuízo é menor. Hoje, o *Ela Clube Auto* conta com 4.000 seguradas e é comercializado por enquanto apenas nos estados de São Paulo e do Rio.

Serviços — A mulher não ganha apenas no preço. No *Ela Clube Auto* tem também um atendimento diferenciado. Por meio da Central de Atendimento a segurada conta com serviço de socorro mecânico e reboque do veículo 24 horas por dia. Em caso de acidente com perda total do veículo ou roubo, a contratante tem ainda serviço de despachante gratuito. Mas para ter direito ao desconto e todos os benefícios, é preciso que a mulher seja a usuária principal do veículo segurado.

2. Explique os números. O que diz o texto sobre eles?

143.178 homens - 49.768 mulheres	30% = 10% + 20%	15% dos acidentes

3. Responda. Certo (C) ou errado (E)? De acordo com o texto,

( ) Todas as companhias de seguro dão desconto a mulheres motoristas.
( ) As mulheres, quando dirigem, se envolvem menos em acidentes porque são menos agressivas.
( ) As motoristas dão menos prejuízos às companhias seguradoras porque, entre outras coisas, ao baterem danificam menos o carro.
( ) Para as companhias seguradoras seria ótimo ter apenas mulheres como clientes.
( ) Existem 4.000 motoristas mulheres seguradas, espalhadas por todo o Brasil.
( ) Além dos descontos, as mulheres seguradas têm outras vantagens.
( ) O desconto dado pela companhia de seguro é de 30% para todas as mulheres.

4. Explique o que é.

| uma pequena fatia do mercado |
| na ponta do lápis   serviço de reboque |
| serviço de despachante |

5. Relacione os sinônimos.

desconto	sinistro	desastre	destruição
batida	perda total	embriagado	choque
bêbado		abatimento	

6. Converse com seus colegas. O que você acha pessoalmente sobre o assunto do texto? As mulheres dirigem melhor do que os homens?

E1   Se não sabe, descubra o que é

o porta-luvas
a roda
o pneu
o espelho retrovisor
o farol alto
o farol baixo
a lanterna
a buzina
o banco do motorista
o banco do passageiro
o banco de trás
o pisca-pisca
o limpador de pára-brisa
o quebra-vento
o macaco
o estepe
o extintor

E2   Diga rápido

Que parte do carro está ligada à idéia de

vento?
É o pára-brisa!

lama
vento
malas, viagem
trombada, batida, choque
alerta
estrada escura
rádio, toca-fitas
chuva
pneu furado
virar à esquerda
um carro atrás
fogo
dar carona

Mídia   **A1**

1. Em que ocasiões você costuma ver tv, ouvir rádio, ler jornal?
2. Na sua opinião, quais são os aspectos favoráveis ou desfavoráveis desses veículos de comunicação?
3. Compare o rádio com a televisão, o jornal com a revista.

Leio jornal todos os dias.

O walkman é uma grande invenção!

Gosto de ouvir rádio no carro.

Não assisto televisão. Acho medíocre.

Televisão é cultura!

Adoro programas de entrevistas.

Não perco o noticiário da noite na tv.

1. Leia os textos e depois coloque embaixo de cada foto a letra correspondente à publicação descrita.

a) Publicações quinzenais ou mensais destinadas, em geral, ao público feminino ou jovem, sobre assuntos variados: moda, tv, saúde, música, decoração, etc.

b) Publicações semanais que relatam os fatos e assuntos mais comentados durante a semana, na área de política, economia, sociedade e cultura. Em geral saem aos sábados à tarde.

c) Publicações diárias com as principais notícias locais e internacionais sobre fatos ocorridos na ocasião. Saem pela manhã. As edições da tarde são mais raras.

2. Pense nas publicações de seu país e indique as que correspondem às publicações brasileiras. Comente-as.

3. Que tipo de publicação você prefere para sua informação? Por quê?

- Estou morto de fome e cansaço. Tivemos um problema no escritório e ...
- Chiiiu ... Agora não! ...
- O que foi que você disse? Não ouvi.
- Eu disse para você ficar quieto.
- Ah, a novela já começou? O que aconteceu? Por que Angelina está chorando?
- Na hora da propaganda eu te conto, mas agora pare de falar, por favor.
- E aí, por que os dois estavam brigando desse jeito?
- O Augusto descobriu tudo, é lógico, e falou para Angelina que estava tudo acabado entre eles. Ele disse que a viu no restaurante com o Carlos, que ele não tinha mais confiança nela, que ela tinha mentido para ele ... Aquelas coisas de sempre.
- E a Angelina?
- Ela tentou explicar. Ela contou que o Carlos estava com problemas e que ela só queria ajudar. Ela tinha medo da reação dele, justamente e por isso não contou nada.
- É ... o ciúme deixa qualquer um louco. O que tem para jantar hoje?

Trabalhe com seu colega. Imaginem a continuação da novela. Angelina, ao telefone, explica o problema para Carlos. Eles conversam durante 5 minutos.

Trabalhe com seu colega. Assustado, Carlos procura o delegado e pede proteção à polícia. Como Carlos reproduz o telefonema para o delegado?

> Ela me telefonou e disse que o marido sabia de tudo e que ...

B1 Discurso indireto

Reproduzindo imediatamente após a fala de alguém ou a própria fala.

"Vou sair!"	O que ele diz/está dizendo/ disse?	Ele está dizendo que vai sair.
"Você quer jogar bola?"	O que ele está perguntando/ perguntou?	Ele perguntou se você quer jogar bola.
"Feche a porta e abra a janela!"	O que ele diz/está dizendo/ disse?	Ele disse para fechar a porta e abrir a janela.
"Quando puder, venho te ver"	O que você está dizendo/ disse?	Eu estou dizendo que, quando puder, venho te ver (virei ver você)

Trabalhe com seu colega. Ouçam a fala, façam a pergunta e reproduzam a fala em Discurso Indireto.

a) "Ela não está aqui".

O que ela disse?   Ela disse que **não está aqui.**

b) "Ninguém me deu uma explicação."

_____? _____

c)   "Você quer ir ao teatro conosco?"

_____? _____

d)   "Quando vocês voltaram de viagem?"

_____? Nós perguntamos quando _____

e)   "Fique quieto e escute!"

_____? Ele disse que você _____

f)   "Leve o guarda-chuva porque vai chover."

_____? Ele está dizendo _____

g)   "É importante ler o jornal todos os dias."

_____? Ele sempre diz que _____

Reproduzindo a fala de alguém ou a própria fala em momento diferente			

Ontem ele disse: "- Vou viajar". - O que ele disse ontem? Ele disse que ia viajar.

Verbo no Discurso Direto			Verbo no Discurso Indireto
Indicativo			
Presente:	"Eu **vou** para casa"	Ele disse que ia para casa.	Imperfeito
Imperfeito:	"Eu **ia** ao cinema"	Ele disse que ia ao cinema	Imperfeito
Perfeito:	"Eu **fui** à praia"	Ele disse que tinha ido à praia.	Mais-que-perfeito
Futuro do Presente:	"Eu **irei** à praia"	Ele disse que iria à praia	Futuro do pretérito
Futuro do Pretérito:	"Eu **iria** à China"	Ele disse que iria à China.	Futuro do pretérito
Subjuntivo			
Presente	"Eu quero que você **fique**"	Ele disse que queria que ela ficasse.	Imperfeito subjuntivo
Imperfeito	"Eu queria que você **ficasse**"	Ele disse que queria que ela ficasse.	Imperfeito subjuntivo
Futuro	"Eu venho quando **puder**"	Ele disse que viria quando pudesse.	Imperfeito subjuntivo
Imperativo	"**Fique** comigo"	Ele pediu que eu ficasse.	Imperfeito subjuntivo

1. Faça sozinho:

a) Ele me perguntou: "- Você quer que eu desligue a televisão?

Ele me perguntou se eu queria que ele desligasse a televisão.

b) Ele me falou: "Não fume nesta sala!"

Ele me falou que _____

c) No aeroporto ela me pediu: "Telefone assim que chegar!"

_____

d) Conversando ela me contou: "Minha avó gostava muito de ouvir rádio."

_____

e) Depois da festa ele me disse: "Eu queria tanto que a Sandrinha ficasse"

_____

f) O presidente afirmou: "Combaterei a inflação com todas as minhas forças"

_____

g) Saindo ela me disse: "Eu ajudaria a preparar o almoço, mas não tenho tempo agora"

_____

9

B2   Verbos de comunicação

a. Verbos de dizer

- dizer, falar, gritar, falar alto, cochichar, murmurar, falar baixo ...
- comunicar, avisar, anunciar, declarar, contar, explicar, repetir ...
- perguntar, responder, propor, sugerir, observar, acrescentar, comentar ...
- aceitar, recusar, afirmar, (não) concordar, confirmar ...
- pedir, exigir, mandar ...
- resmungar, choramingar, reclamar, queixar-se ...
- cumprimentar, desculpar-se, agradecer, despedir-se ...

"Vou chegar tarde". -- Ele | disse | que ia chegar tarde
                            | falou |
                            | avisou |
                            | afirmou |
                            | declarou|

b. Verbos de opinião - achar, pensar, acreditar, crer ...

1. Trabalhe com seu colega: um lê a fala e o outro a passa para o Discurso Indireto

1. "- Quero o divórcio."
Minha mulher _____

2. "- A viagem foi cancelada por causa do mau tempo."
O locutor _____

3. "- Já disse mais de uma vez que não estou sabendo de nada."

4. "- Saiam imediatamente do meu quarto!"

5. "- Você quer jantar comigo?"

6. "- Cuidado com a escada! Ela está quebrada!"

7. "- Você não quer mesmo sair comigo?"

2. Passe para o Discurso Indireto. Observe o exemplo.

"- Droga! Eu não vou lá sozinha!"
Irritada, ela disse que não ia lá sozinha.
ou
Ela estava furiosa e avisou que não ia lá sozinha.
ou ...

1. "- Puxa! Que fila enorme!"
2. "- Ah, que alegria! Estou em férias!"
3. "- Parabéns pelo seu aniversário!"
4. "- Que frio!"
5. "- Que pena! O Léo acabou de sair!"
6. "- Chiiiiiu! Ela vai começar a cantar".
7. "- Desculpe, mas não há outro jeito?"

Monte com seus colegas a programação de uma estação de rádio. Cada grupo escolhe 1 ou 2 programas e prepara a atividade, apresentando-a depois para os colegas.

Notícias: prepare várias notícias curtas locais, nacionais e internacionais sobre assuntos variados.

Crítica musical: faça uma seleção de cantores e músicas de sucesso com comentários (clássica, rock, pop ...)

Culinária: receitas de cozinha, dicas, conselhos, vinhos etc.

Publicidade: faça vários jingles ou anúncios publicitários para cada parte do programa.

Esporte: narre a final de um campeonato de futebol, basquete, vôlei, surf, rúgbi, beisebol, corrida de moto, de carro, de bicicleta, maratona, ufa!

Entrevista: imagine uma entrevista polêmica (perguntas e respostas) com um cantor(a) ou artista famoso.

Outros temas: horóscopo (faça a previsão do dia), meteorologia (faça a previsão do tempo), serviço de utilidade pública, beleza e saúde, correio sentimental, rádio-novela, jogos, moda, consumo ...

Chatear e encher   D1

1. O que significam, no texto, "chatear" e "encher"? Traduza para sua língua.

2. Como se diz "passar um trote" em seu país?

3. Conte o trote mais irritante ou engraçado que lhe passaram. Descreva outras formas de trote. Simule que está passando um trote em colega seu.

D2 TV reúne famílias paulistanas

1. Leia o texto.

Pesquisa concluída recentemente sobre os hábitos da família paulistana diante da TV indicou que a maioria das famílias da cidade assiste televisão em grupo.

O hábito familiar de reunir-se diante da televisão é mais forte durante a semana: quase metade dos entrevistados diz que sempre vê televisão com os filhos de segunda a sexta-feira, enquanto um terço das famílias o faz aos sábados. Aos domingos, o número sobe para 41%.

O costume da reunião familiar na frente da televisão é mais acentuado nas famílias de classes sociais menos favorecidas (C, D, E): 56% delas assistem TV em grupo sempre, durante a semana. Das famílias de maior renda, 35% mantêm esse hábito nos dias de semana, enquanto das famílias de classe B, 43%. Fatores como espaço físico doméstico além de variedade de ocupação e de lazer, diferentes em cada classe social, devem influir diretamente nesses resultados.

2. Trabalhe com seu colega. Resuma o texto.

3. Comentem o título.

4. Conversem sobre o tema "televisão e família".
Considerem estes pontos (entre outros):
a) a influência da televisão sobre a família em seu país
b) as possibilidades que a televisão tem de divertir e de educar
c) a televisão ideal para você

Nós também assistimos TV em família.

Mas então vocês não conversam!

Distribua as palavras nos campos Rádio, TV e Imprensa.

ouvir ligar desligar assistir publicar informar abaixar e aumentar o volume escrever entrevistar editar assistir ver ler transmitir assinar apresentar acompanhar	notícia locutor revista propaganda noticiário programa canal estação ouvinte antena jornal artigo antena história em quadrinhos imagem banca controle remoto entrevista apresentador música.

Rádio   TV   Imprensa

Antônimos   E2

Dê o antônimo.

fresco	estragado	leve	_____	luxuoso	_____
cru	_____	_____	inútil	maiúsculo	_____
magro	_____	_____	maluco	espaçoso	_____
_____	maduro	humano	_____	_____	descansado
esperto	_____	extraordinário	_____	freqüentemente	_____
manso	_____	falso	_____	em pé	_____
delicioso	_____	individual	_____	depressa	_____
_____	desagradável	contemporâneo	_____	direto	_____
conhecido	_____	_____	conseqüência	certo, correto	

O que é? Para que serve?   E3

Explique para seu colega o que é e para que serve ...

a placa de trânsito   o cartaz   o cabo (de panela, de guarda-chuva)
o cachimbo   o boletim meteorológico   a raquete

Complete   E4

Complete a frase com as palavras da caixa.

moinho	monumento	mosteiro	poço	porto	subúrbio

Os _____ são típicos da Holanda.
O _____ é um buraco no chão, do qual retiramos água.
O _____ é um lugar tranqüilo e pacífico.
Santos é o maior _____ da América Latina.
Nas cidades grandes, muita gente mora no _____.
No parque Ibirapuera, em São Paulo, há um _____ aos bandeirantes.

A1   Tipos de lazer

Troque idéias com seu colega:
1. Para vocês, o que é lazer?
2. Quanto tempo vocês dedicam ao lazer?
3. Para vocês, o lazer é importante? Por quê?
4. O lazer é parte de sua rotina de vida?
5. Se vocês pudessem organizar sua vida livremente, como distribuiriam as horas de trabalho e de lazer?

> 2 horas de trabalho e 10 horas de lazer por dia!

Faça uma lista com o maior número possível de formas de lazer:

Na praia	No campo	Na cidade grande

Converse com seu colega sobre essas formas de lazer. Entre todas elas quais as que você mais aprecia? Quais as que você desenvolve em suas horas livres?

Há formas de lazer incomuns. Tente lembrar-se de algumas. Converse com seu colega.

● Ó o que chegou! Ó!
○ Outro folheto?
● É! É propaganda de excursão.
○ Pra onde? Pra Europa?
● Não, muito diferente. Pro mato. Num fim de semana.
○ O quê? Num tô entendeno. Deixa vê ele.
● Espera! Já vô te mostrá. Tem um monte de lugá pra escolhê.
○ E esses pezinho?
● Deixa vê. Ah! Entendi. Um pezinho, excursão fácil. Dois, mais difícil. Três pezinho ... puxa! Num dá. A de três num dá pra nóis.
○ Claro que não. A de um pezinho já é difícil demais.
● Difícil demais pra você. Você num é de nada memo.
○ Nem você.

> # Caminhadas
>
> O Brasil é bonito demais para você ficar aí parado. E não existe nada mais chato do que ver os fins de semana e os feriados passarem em branco. Não deixe isso acontecer!

Trabalhe com seu colega. Examinem as sugestões dos folhetos e escolham uma excursão para o próximo fim-de-semana. Não deixem de ler as recomendações.

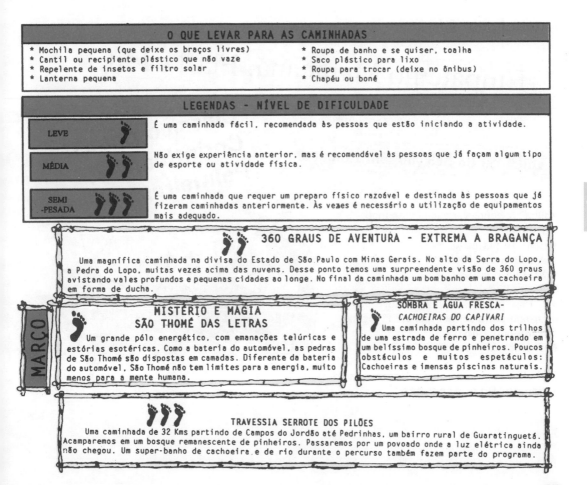

O QUE LEVAR PARA AS CAMINHADAS

* Mochila pequena (que deixe os braços livres)
* Cantil ou recipiente plástico que não vaze
* Repelente de insetos e filtro solar
* Lanterna pequena
* Roupa de banho e se quiser, toalha
* Saco plástico para lixo
* Roupa para trocar (deixe no ônibus)
* Chapéu ou boné

LEGENDAS - NÍVEL DE DIFICULDADE

LEVE — É uma caminhada fácil, recomendada às pessoas que estão iniciando a atividade.

MÉDIA — Não exige experiência anterior, mas é recomendável às pessoas que já façam algum tipo de esporte ou atividade física.

SEMI-PESADA — É uma caminhada que requer um preparo físico razoável e destinada às pessoas que já fizeram caminhadas anteriormente. Às vezes é necessário a utilização de equipamentos mais adequado.

360 GRAUS DE AVENTURA - EXTREMA A BRAGANÇA

Uma magnífica caminhada na divisa do Estado de São Paulo com Minas Gerais. No alto da Serra do Lopo, a Pedra do Lopo, muitas vezes acima das nuvens. Desse ponto temos uma surpreendente visão de 360 graus avistando vales profundos e pequenas cidades ao longe. No final da caminhada um bom banho em uma cachoeira em forma de ducha.

MISTÉRIO E MAGIA SÃO THOMÉ DAS LETRAS

Um grande pólo energético, com emanações telúricas e estórias esotéricas. Como a bateria do automóvel, as pedras de São Thomé são dispostas em camadas. Diferente da bateria do automóvel, São Thomé não tem limites para a energia, muito menos para a mente humana.

SOMBRA E ÁGUA FRESCA-
CACHOEIRAS DO CAPIVARI

Uma caminhada partindo dos trilhos de uma estrada de ferro e penetrando em um belíssimo bosque de pinheiros. Poucos obstáculos e muitos espetáculos: Cachoeiras e imensas piscinas naturais.

MARÇO

TRAVESSIA SERROTE DOS PILÕES

Uma caminhada de 32 Kms partindo de Campos do Jordão até Pedrinhas, um bairro rural de Guaratinguetá. Acamparemos em um bosque remanescente de pinheiros. Passaremos por um povoado onde a luz elétrica ainda não chegou. Um super-banho de cachoeira e de rio durante o percurso também fazem parte do programa.

10

A3 Ouvindo música no fim-de-semana: MPB

Ouçam as músicas e digam do que tratam as letras.

As mariposa

As mariposa, quando chega o frio,
Fica dando vorta em vorta da lâmpida
Pra se esquentá
Elas roda, roda, roda,
Depois se senta
Em cima do prato da lâmpida
Pra descansá
Eu sou a lâmpida
E as muié é as mariposa
Que fica dando vorta em vorta de mim
Tudas noite só pra me beijá
(Adoniran Barbosa)

Pogressio

Pogressio, pogressio
Nóis sempre iscuitô falá
Que o pogressio vem do trabaio
Então amanhã cedo
Nóis vai trabaiá
Si Deus quisé
Quanto tempo nóis perdeu na boemia
Sambando noite e dia
Cortando uma rama sem pará
Agora iscuitando os conseio das muié
Amanhã nóis vai trabaiá
Si Deus quisé
Mais Deus num qué.
(Deus é bonzinho pra nóis, né)
(Adoniran Barbosa)

A4 Futebol pela TV

Empate no Maracanã: Fla 1x Flu 1

Amistoso da Seleção sem Romário

Clássico paulista: Corinthians 2, Palmeiras 1

- ● Oba! A gente vai ganhá esse jogo.
- ○ Tomara!
- ● Epa! Tá perigoso.
- ○ Ai! Meu coração!
- ● Xi! Outro gol!
- ○ Assim não dá!
- ● É. Esse golero só toma frango!
- ○ Droga! Num sei por que ele tá jogano.
  É um perna-de-pau.
- ● É! Num dá pra entendê.

**Trabalhe com seu colega. Vocês entenderam
o diálogo? Do que se trata?**

Linguagem popular B1

1. **Ouçam novamente uma das músicas de Adoniran Barbosa. Reproduzam a letra, verso por verso, em linguagem coloquial correta.**

As mariposas, quando chega o frio,

ficam dando voltas em volta da lâmpada

...

Progresso, progresso,

nós sempre ouvimos falar

...

2. **Façam o mesmo com "Marvada Pinga", uma música caipira.**

Tomando a palavra B2

● Chega! Até agora foi só você que falô. E só de futebol! Agora é a minha vez.
○ Tá bom, tá bom. Vamo falá de outra coisa. Que tal de carro?

Trabalhe com seu colega. Ordene as frases abaixo em duas colunas, colocando numa uma frase e, na segunda coluna, a frase correspondente.

- Pára!
- Peço a palavra.
- Com licença.
- Me deixa falá.
- O senhor tem a palavra.
- Fala logo!
- Pera aí! Agora sô eu.
- Sinto muito interrompê-lo, mas o tempo está esgotado.
- Um momento, é a minha vez.
- Chega!

10

Linguagem formal   Linguagem coloquial popular

C   Gente

1. Aqui está uma lista de nomes de brasileiros famosos, ligados ao esporte, à música, à literatura etc. Coloque cada nome na coluna adequada. O que você sabe sobre eles?

Ayrton Senna   Tom Jobim   Pelé   Sílvio Santos
Vinicius de Moraes   Jorge Amado   Chico Buarque
Portinari   Clarice Lispector   Guimarães Rosa

Victor Brecheret   Aldemir Martins
Jô Soares   Noel Rosa   Carmen Miranda
Pixinguinha   Glauber Rocha   Dorival Caymi
Maurício de Souza   Lúcio Costa   Villa Lobos
C a r l o s   D r u m m o n d   d e   A n d r a d e
Emerson Fittipaldi   Caetano Veloso
Sônia Braga   Carybé   Oscar Niemeyer

Música   Cinema   Esportes

Televisão   Pintura   Desenho

Literatura   Arquitetura   Escultura

2. Coloque, nas colunas, gente famosa de seu país. Fale sobre eles.

100

1. Ouça a música.

Conversa de Botequim

Seu garçom, faça o favor•de me trazer depressa
Uma boa média que não seja requentada,
Um pão bem quente com manteiga à beça,
Um guardanapo e um copo d´água bem gelada.
Feche a porta da direita com muito cuidado
Que não estou disposto a ficar exposto ao sol.
Vá perguntar ao seu freguês do lado
Qual foi o resultado do futebol.

Se você ficar limpando a mesa
Não me levanto nem pago a despesa.
Vá pedir ao seu patrão
uma caneta, um tinteiro, um envelope e um cartão.
Não se esqueça de me dar palito
E um cigarro pra espantar mosquito.
Vá dizer ao charuteiro
Que empreste uma revista, um cinzeiro e um isqueiro.

Telefone ao menos uma vez
Para 43-4333
E peça ao seu Osório
Que me mande um guarda-chuva aqui pro
      nosso escritório.
Seu garçon, me empreste algum dinheiro
Que eu deixei o meu com o bicheiro.
Vá dizer ao seu gerente
Que pendure esta despesa no cabide ali em frente.

2. Certo (C) ou errado (E)?

( ) o rapaz está falando com o garçom
( ) ele pede café com leite
( ) ele pede pão com pouca manteiga
( ) o jogo de futebol do dia já acabou
( ) o rapaz jogou no bicho
( ) 43-4333 é o número do seu telefone

3. Relacione. O rapaz pede o que para quem?

1. garçom   2. dono do bar
3. freguês do lado   4. charuteiro
5. Sr. Osório   6. gerente

__uma média   __pão
__tinteiro   __resultado do futebol
__fechar a porta   __para telefonar
__guarda-chuva   __copo d'água
__caneta   __envelope e cartão
__guardanapo   __cigarro
__revista   __isqueiro
__dinheiro   __palito
__cinzeiro   __para "pendurar a conta"
__para limpar a mesa

4. Localize no texto a passagem que diz:

a. ele não vai pagar a conta
b. o dia está bonito
c. pode chover mais tarde
d. ele vai ficar algum tempo no café, fumando e lendo
e. o garçom não parece muito interessado em atender
   o rapaz

5. Certo (C) ou errado (E)? O rapaz é

( ) um boa-vida, um folgado
( ) trabalhador
( ) autoritário

6. Relacione os sinônimos

depressa   cliente
média   enviar
à beça   gasto
freguês   café com leite
despesa   mandar
ordenar   em grande quantidade
mandar   rápido

7. O que significa?

a. pendurar a despesa
b. espantar mosquito
c. com muito cuidado

10

1. Leia os textos.

Noel Rosa

Noel Rosa nasceu no Rio de Janeiro, em dezembro de 1910, no bairro de Vila Isabel, bairro classe média da cidade. Marcado pelo fórceps que lhe fraturou e afundou o maxilar inferior, provocando também paralisia parcial no lado direito de seu rosto, Noel cresceu menino quieto, tímido, franzino.

Começou a interessar-se por música muito cedo, tocando o bandolim de Dona Marta, sua mãe, na mesma época em que entrava para o Colégio São Bento, um dos melhores colégios do Rio.

- Foi graças ao bandolim que eu experimentei, pela primeira vez, a sensação de importância. Tocava e logo se reuniam, ao redor de mim, maravilhados com a minha habilidade, os guris de minhas relações. A menina do lado cravava em mim uns olhos rasgados de assombro. Então eu me sentia completamente importante.

Do bandolim ensinado pela mãe, Noel passou para o violão, instrumento que seu pai tocava. Amigos, vizinhos e parentes incentivaram o adolescente, ensinando-lhe valsas e canções. Aos 15 anos já dominava o instrumento.

Aos poucos, o violão foi substituindo os livros. Noel estudava apenas o suficiente para passar de ano e já começava a ser conhecido nos cafés-bilhares de Vila Isabel, onde faziam ponto "os rapazes folgados" do bairro, conversando, bebendo e fazendo música. E Noel, "um menino de família", foi ficando até mais tarde, tomando as primeiras cervejas, fazendo as primeiras serenatas, enfrentando as primeiras aventuras amorosas. Apesar disso, em 1931 ingressou na Faculdade de Medicina, para alegria de sua mãe.

Em 1932 abandonou os estudos para ser boêmio definitivamente. Levantava tarde, freqüentava as estações de rádio, observava com humor tudo e todos à sua volta, fazia sambas, voltava para casa de manhã. Vida difícil - pouco dinheiro, a esposa em casa a sua espera, a mãe preocupada, manchas nos dois pulmões. Noel morreu em dezembro de 1936.

Adaptação de História da Música Popular Brasileira Abril Cultural nº 1

Pixinguinha

Com 18 filhos, o carioca Alfredo da Rocha Vianna e sua esposa, Raimunda, levavam vida apertada. Os filhos mais velhos começavam a trabalhar desde cedo, ajudando o pai, funcionário do Departamento Geral dos Telégrafos, a pagar o estudo dos mais novos, que iam para as melhores escolas do Rio. Pixinguinha (apelido de Alfredo da Rocha Vianna Filho), nascido em 1898 teve sorte: foi mandado para o Colégio São Bento, por onde mais tarde passariam, entre outros, Heitor Villa-Lobos e Noel Rosa. Pixinguinha não criou problemas para a rígida disciplina da escola. Gostava de ajudar na missa, mas nunca foi aluno brilhante; estudava só para agradar os pais.

Na verdade, a escola não o atraiu tanto quanto as primeiras músicas ouvidas nas serenatas que o pai, flautista respeitado, promovia em casa. O menino ficava quieto, num canto, escutando fascinado as polcas, valsas e lundus da moda.

Pixinguinha cresceu tocando na flautinha de folha imitações daquilo que ouvia na serenata dos grandes. Quando não conseguia reproduzir um som, inventava outro que também soasse bonito. Aos 12 anos já estava completamente familiarizado com a música.

Animadíssimo com o talento do filho, o velho Vianna importou da Itália uma flauta especial. Surgia mais um músico na família Vianna.

Pixinguinha fazia progressos rapidamente. Recebia convites para tocar em festas, teatros, clubes, circos, cinemas. Em 1915 fez sua primeira gravação.

Sempre dedicado à música, Pixinguinha participou da criação daquilo que hoje chamamos "música popular brasileira": o resultado de uma variada experiência rítmica de origem africana que, enriquecida pelo uso de pequenos instrumentos de percussão improvisados pela gente simples dos morros do Rio, combinava-se com a música tocada na época, de origem européia. Assim, os músicos que tocavam violão, flauta e piano, procuravam adaptar à técnica destes instrumentos toda a variedade rítmica produzida por frigideiras, cuícas ou tamborins - feitos com couro de gato.

Pixinguinha passou a vida tocando flauta e saxofone, compondo, trabalhando no rádio, conversando e bebendo em roda de amigos.

Morreu idoso, um gênio querido e admirado.

Um sorriso sempre aberto.

Adaptado de História da Música Popular Brasileira Abril Cultural nº 2

"Noel Rosa era um gênio. Ninguém cantou o Rio melhor que ele. Não o Rio geográfico, de beleza sem par, mas a alma do Rio, a fala do Rio, os costumes, a malandragem, a graça, a delegacia policial, o revólver, o xadrez, o Tarzan, os bairros ..., a sua querida Vila Isabel. Sua passagem pela vida foi muito curta, morreu de tuberculose aos 26 anos, deixando uma bagagem litero-musical riquíssima, moderníssima e imortal de mais de 230 músicas".
Antônio Carlos Jobim (Tom Jobim)

Pixinguinha!
Este homem é um poema.

- Comer, trabalhar, dormir. Quem agüentaria uma vida assim?

- Carinhoso? Fiz em 1923, mas ficou engavetado 14 anos. Era muito simples e eu tinha vergonha de mostrar.

10

Responda: Quais são os pontos em comum na vida de ambos?

Infância   Adolescência   Idade adulta

Cite pelo menos 3 aspectos em que suas vidas foram diferentes.

E1 Sentido figurado

1. As palavras sublinhadas foram usadas em seu sentido próprio. Use-as em sentido figurado. Observe o exemplo.

A bomba explodiu.

Vou explodir de raiva.

Ele resolveu plantar árvores.
Hoje está quente.
Senti frio lá fora.
Caí na rua porque não vi o buraco.
A sala é bem clara.
As ondas acabam na praia.
Ele quebrou o copo.
Nunca passei as férias nas montanhas.
Que fonte bonita!
Vou sentar-me à sombra da árvore.
Tire a pedra do caminho!
Tire o pé daí!

2. Nas frases abaixo, sublinhe as palavras usadas em sentido figurado. Em seguida, construa frases usando estas palavras com o mesmo sentido.

A Catedral fica no coração da cidade.
A sala está um forno. Abra a janela!
Virgínia é uma formiga: adora doces!
Ele é um leão: trabalha por dez!
Não façam onda! O problema não é tão sério.
A fome apertou quando entrei no restaurante.
Esta é a prova-piloto.
Se o senhor comprar o pacote, a viagem ficará menos cara.
Ele falou um monte de bobagens.
A notícia foi um choque para todos nós.

E2 O que é? Para que serve?

Explique para seu/sua colega o que é e para que serve ...

um cesto   um caixote   um envelope   uma carteira
um cinzeiro   uma caneca   lata   a mala

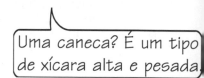

Uma caneca? É um tipo de xícara alta e pesada.

Uma caneca serve para tomar cerveja!

E3 Relacione

O que você faz?

regar - refogar - sujar - receitar - simpatizar
misturar - refletir - namorar - protestar
puxar - recordar - segurar-se - tossir

com Carlos - o jardim - conversa - a verdura
quando engasga - os pratos - um medicamento-
para não cair - as tintas - sobre a vida - Paula -
contra os preços altos - os bons tempos

Regar ... o jardim!

Quem sabe sabe!

Jogue com seu colega, respondendo as questões alternadamente. Cada questão deverá ser respondida por uma só pessoa. Tente fazer o maior número de pontos, pois ganha quem tiver mais pontos no final.

O assunto é Folclore   R1

Leia a questão toda antes de responder.

1. Dê a receita! (O professor avaliará sua resposta)

a. Uma simpatia para conquistar alguém.
ou
b. Duas simpatias: uma para conquistar alguém, outra para ganhar dinheiro.
ou
c. Três simpatias a sua escolha: como ganhar dinheiro, como evitar mau-olhado, como conquistar alguém, como fazer a visita não ficar em sua casa até muito tarde.

> 1 simpatia - 5 pontos
> 2 simpatias - 12 pontos
> 3 simpatias - 21 pontos
> Não há pontos intermediários

2. Lendas

a. Conte a lenda da Iara
ou
b. Conte a lenda da Iara e do Curupira
ou
c. Conte três destas lendas: Iara, Curupira, Saci, Lobisomen

> 1 lenda - 5 pontos
> 2 lendas - 12 pontos
> 3 lendas - 21 pontos
> Não há pontos intermediários

3. Complete a frase.

a. Não olhe para a Iara para que _____.

b. Se lobisomen existisse, _____.

c. Feche a porta antes que o Saci _____.

d. Prepare uma peneira para pegar o Saci quando

_____.

e. Por causa do Curupira, o caçador não matou o

animal, embora _____.

> 0 a 2 acertos - 0 pontos
> 3 acertos - 3 pontos
> 4 acertos - 8 pontos
> 5 acertos - 15 pontos
> Não há pontos intermediários

R2　O assunto é sistema político brasileiro

1. Escolha a alternativa correta.

No Brasil, o Presidente da República é eleito por voto $\frac{direto}{indireto}$ para um mandato de 4/5 anos, $\frac{com}{sem}$ direito a reeleição.

O voto é $\frac{facultativo}{obrigatório}$ para todos os brasileiros maiores de $\frac{18}{21}$ anos. Os analfabetos $\frac{podem}{não\ podem}$ votar.

> 0 a 2 acertos - 0 pontos
> 3 acertos - 3 pontos
> 4 acertos - 8 pontos
> 6 acertos - 18 pontos
> Não há pontos intermediários

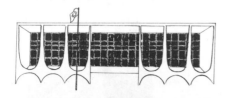

2. Complete as frases.

a.　　　　Foi eleito o candidato que
　　_____.

b.　　　O povo aprovou o Ministério que
　　_____.

c.　　O jornal vai denunciar o político cujos
　　_____.

d.　　　　　　O senador com quem
　　_____, mora em Brasília.

e.　　　　Os candidatos para quem
　　_____ têm mais chance.

> 0 a 2 acertos - 0 pontos
> 3 acertos - 3 pontos
> 4 acertos - 8 pontos
> 5 acertos - 15 pontos
> Não há pontos intermediários

R3　O assunto é trânsito

Leia a questão até o fim. Seu professor avaliará sua resposta.

1. Infrações.

a. Relacione 5 tipos de infração de trânsito
ou
b. Relacione 8 tipos de infração de trânsito
ou
c. Relacione 10 tipos de infração de trânsito

> Menos de 5 infrações - 0 pontos
> 5 infrações - 5 pontos
> 8 infrações - 16 pontos
> 10 infrações - 30 pontos
> Não há pontos intermediários

2. Responda rápido. O que é, o que é?

a.　　　　Você usa para parar o carro.
b.　Você usa à noite, para ver melhor quando está dirigindo.
c.　　　Você guarda sua bagagem nele.
d. Você aperta para aumentar a velocidade do carro.
e.　Numa batida, sem ele o prejuízo seria maior.
f.　　A gasolina fica depositada dentro dele.
g.　Sem ele, você teria problemas com o vento, a poeira e a chuva.
h.　　　　　Ele faz o carro andar.
i.　É com ele que você dá direção a seu carro.
j.　É a parte do carro cheia de botões, relógios e luzinhas.
l.　　　Pode ser mecânico ou automático.

> De 0 a 4 acertos, 0 pontos
> 5 acertos - 5 pontos
> 8 acertos - 16 pontos
> 10 acertos - 30 pontos
> Não há pontos intermediários

3. Diga de outro modo (orações reduzidas).

a. Se ele correr demais, causará um acidente.
b. Depois que ele comprou o carro, nunca mais andou de ônibus.
c. Ele sempre paga multa porque estaciona em local proibido.

> Pontos:
> 1 acerto - 2 pontos
> 2 acertos - 8 pontos
> 3 acertos - 15 pontos

> 0 a 4 acertos - 0 pontos
> 5 acertos - 5 pontos
> 8 acertos - 16 pontos
> 10 acertos - 30 pontos
> Não há pontos intermediários

O assunto é mídia R4

Diga depressa.

1. O que é, o que é?

a. onde você compra jornais e revistas.
b. você faz para receber o jornal todo dia em sua casa.
c. programa em que se conversa e se fazem muitas perguntas a uma pessoa.
d. é quem fala no rádio.
e. é quem ouve os programas de rádio.
f. com ele, você pode mudar de canal sem sair de sua poltrona.
g. você faz isto quando não quer mais assistir à televisão.
h. é o grupo de pessoas que aparece na televisão assistindo ao show, aplaudindo e, às vezes, participando dele.
i. o filme que já foi apresentado antes.
j. é a parte do jornal onde se publicam pequenos anúncios.

2. Complete com 5 idéias (discurso indireto).

Na novela

Abraçando-a, ele lhe disse baixinho que

_____
_____
_____

No estúdio

A estrela ameaçou ir embora e gritou que

_____
_____
_____

ANGELINA, ESTÁ TUDO ACABADO ENTRE NÓS!

> 5 acertos - 5 pontos
> 8 acertos - 16 pontos
> 10 acertos - 30 pontos

R5　O assunto é lazer - arte e esportes

1. O que levar para uma caminhada?
Organize uma lista de objetos. Seu professor
avaliará sua resposta.

> 0 a 7 objetos - 0 pontos
> 8 objetos - 8 pontos
> 10 objetos - 15 pontos
> 15 objetos - 25 pontos
> Não há pontos intermediários

2. Dê o nome de personalidade brasileiras.

2 pintores
2 poetas
2 romancistas
2 esportistas
2 compositores de música popular
2 cantores
2 figuras de televisão

> 0 a 6 nomes - 0 pontos
> 7 nomes - 7 pontos
> 10 nomes - 20 pontos
> 14 nomes - 30 pontos
> Não há pontos intermediários

3. Tente cantar uma canção brasileira. Seu professor avaliará sua resposta.

> cantou mais ou
> menos: 15 pontos
> cantou bem: 40 pontos

E o assunto é resultados

Veja como você se saiu!

de　320 a 300 pontos - **Excelente! Parabéns!**
de　299 a 250 pontos - **Ótimo**
de　249 a 200 pontos - **Bom**
de　199 a 170 pontos - **Suficiente**
de　169 a 130 pontos - **Fraco**
menos que 129 - **Insuficiente**

> Não gostou do resultado?
> Então estude um pouco mais
> e faça a Revisão outra vez.

Querido aluno

Finalmente você chegou ao fim da linha! Parabéns!
Esperamos que você tenha gostado de trabalhar conosco, que
esteja falando bem Português e que agora conheça melhor o
Brasil e os brasileiros.

Um abraço nosso para você.
Boa sorte!

Emma
   Cristián
      Tokiko

R

Apêndice gramatical

Observação.

As informações contidas neste apêndice referem-se ao conteúdo das lições 1 a 10 deste livro, englobando referências ao conteúdo do livro 1 quando necessário.

Conteúdo

1 Pronomes

1.1 Pronomes demonstrativos (L 2)

	Adjetivos e substantivos		Substantivos
	masculino	feminino	neutro - invariável
singular	este jornal	esta revista	
	esse	essa	isto
	aquele	aquela	
plural	estes jornais	estas revistas	isso
	esses	essas	
	aqueles	aquelas	aquilo

Pronomes demonstrativos + idéia de proximidade

Este	indica proximidade com a 1a pessoa - *eu*	Este livro **aqui** *comigo* é interessante.
Esse	indica proximidade com *você*	Esse livro **aí** *perto de você* é interessante.
Aquele	indica proximidade com a 3a pessoa - *ele*	Aquele livro **ali/lá** *com ele* é interessante.

1.2 Pronomes relativos (L7)

que, quem, onde

que, quem, onde = o qual, a qual, os quais, as quais

A *casa* **que** comprei é moderna.
A *moça* **que** chegou está na sala.
A *moça* **com quem** falei está aqui.
A *cidade* **onde/em que** eu nasci é pequena.

A cidade **na qual** nasci é pequena.
As moças com **as quais** falei estão na sala.

cujo, cuja, cujos, cujas

A cidade **cujas** *ruas* são largas é moderna.
A cidade **cujo** *povo* não tem trabalho tem problemas sérios.
A cidade **cuja** *população* gosta de futebol precisa ter grandes estádios.

2. Verbos

2.1 Modo Indicativo - Pretérito Perfeito Composto (L1)

Eu estou nervoso porque **tenho tido** muitos problemas *ultimamente*.

2.2 Modo Subjuntivo

2.2.1 Quadro geral do emprego dos tempos

Presente	Eu *quero que* você **trabalhe** mais.
	Eu *duvido que* você **trabalhe** bem.
	Fico triste que você não **possa trabalhar**.
	É necessário que você **trabalhe** mais.
	Eu estou trabalhando *embora* eu **esteja** doente hoje.
	Eu estou procurando *alguém que* **queira trabalhar** comigo.
Pretérito imperfeito	Eu *queria que* você **trabalhasse** mais
	Eu *duvidei que* você **trabalhasse** bem.
	Fiquei triste que você não **pudesse trabalhar.**
	Era necessário que você **trabalhasse** mais.
	Ontem eu estava trabalhando *embora* eu **estivesse** doente.
	Eu estava procurando *alguém que* **quisesse trabalhar** comigo.
Futuro simples	Vou telefonar *quando* eu **estiver** no aeroporto.
	Vou comprar *tudo o que* eu **puder.**
Pretérito perfeito	Eu *duvido que* ele **tenha telefonado.**
Pretérito Mais-Que-Perfeito	Eu *duvidei que* ele **tivesse telefonado.**
Futuro composto	Eu sairei *quando* **tiver terminado** meu trabalho.

2.2.2 Conjunções de Presente e Imperfeito do Subjuntivo (L3, L4)

para que = a fim de que	embora	a não ser que
mesmo que = nem que	antes que	sem que
desde que = contanto que	até que	caso

2.2.3 Conjunções de Futuro do Subjuntivo (L6)

logo que = assim que	quando	como
depois que	enquanto	
sempre que	se	

G

2.3 Orações condicionais (L5)

Possibilidade no futuro	Eu *irei* à praia amanhã **se fizer** sol (talvez faça)
Hipótese no presente	Eu *iria* à praia **se fizesse** sol. (mas não faz)
Hipótese no passado	Eu *teria ido* à praia ontem **se tivesse feito** sol. (mas não fez)

2.4 Conjunções condicionais (L3 - L5)

se	desde que	a não ser que	contanto que	caso	sem que

2.5 Infinitivo Pessoal (L8)

Uso obrigatório

Sujeitos diferentes
Ele pediu para **ficarmos.**
Sujeito do Infinitivo expresso
Sem *nós* **termos** informações, não podemos fazer nada.

Uso facultativo

Sujeitos iguais nas duas orações. Sujeito do Infinitivo
não expresso.
Sem **dizer/dizerem** nada, eles saíram.

2.6 Verbo haver (L5)

Forma impessoal

haver = existir
Há muitos programas bons na televisão.

Haver em expressões
de tempo

Presente - Eu trabalho nesta companhia **há** 12 anos. Gosto daqui.
Passado - Eu vendi minha casa **há** 12 meses.

2.7 Orações reduzidas (L 8)

de Infinitivo

Ela trabalha para **poder** viver (= Ela trabalha para que possa viver)

de Gerúndio

Estando com ela, dê-lhe notícias minhas (= Quando/se você estiver
com ela, dê-lhe notícias minhas)

de Particípio

Terminado o trabalho, pudemos sair. (= Quando/depois que
terminamos o trabalho, pudemos sair)

2.8 Regência verbal - Verbos e suas preposições

Verbo	sem preposição + substantivo (●)	Preposição + substantivo	Preposição + Infinitivo
aborrecer-se		com	por
acabar	●	com, em	de, por
aconselhar	●		a
acostumar-se		a, com	a
acreditar		em	em
aderir		a	
admirar-se		de	de
agradar		a	
agradecer	●	a	
ajudar	●		a
apaixonar-se		por	
aprender	●		a
aproximar-se		de	
arrepender-se		de	de
bater	●	em	
cansar(-se)		de	de
casar(-se)		com	

combinar	●	com	de
começar	●	com	a, por
compor-se		de	
comunicar	●	a	
comunicar-se		com	
concentrar-se		em	em
concordar		com	em
confiar	●	em	em
conformar-se		com	em
consentir		em	em
contar	●	com	em
continuar	●	com	a
crer		em	em
cuidar		de	de
deixar	●		de, por
depender		de	de
desconfiar		de	
desistir		de	de
discordar		de	de
encarregar-se		de	de
ensinar	●		a
esforçar-se		por, em	por, em, para
esquecer	●		de
esquecer-se		de	de
fugir		de	
gostar		de	de
hesitar		entre	em, entre
insistir		em	em
interessar-se		por	em, por
lembrar	●		de
lembrar-se		de	de
lutar		com, contra	para
morrer		de	de
mudar	●	de	
necessitar	●	de	
obrigar		a	a
orgulhar-se		de	de
parar	●		de
parecer-se		com	
participar	●	de, em	
pedir	●		para
pensar		em	em
pertencer		a	
precisar		de	
preocupar-se		com	em
preparar-se		para	para
queixar-se		de	de
reclamar		de	de
referir-se		a	
renunciar		a	a
resistir		a, contra	a
rir		de	
sonhar		com	em
telefonar		a, para	
terminar	●	com, em	de, por
tocar	●	em	
tratar	●	de	de
trocar	●	de, por	
viver		de	
zangar-se		com, por	

G

2.9 Conjugação - Verbos regulares

	Presente	Pretérito Perfeito	Perfeito Composto	Pretérito imperfeito	Futuro do presente	Futuro do pretérito	Mais-que-perfeito simples	Mais-que-perfeito composto
	Indicativo							
-ar	falo	falei	tenho falado	falava	falarei	falaria	falara	tinha falado
	fala	falou	tem falado	falava	falará	falaria	falara	tinha falado
	falamos	falamos	temos falado	falávamos	falaremos	falaríamos	faláramos	tínhamos falado
	falam	falaram	têm falado	falavam	falarão	falariam	falaram	tinham falado
er	como	comi	tenho comido	comia	comerei	comeria	comera	tinha comido
	come	comeu	tem comido	comia	comerá	comeria	comera	tinha comido
	comemos	comemos	temos comido	comíamos	comeremos	comeríamos	comêramos	tínhamos comido
	comem	comeram	têm comido	comiam	comerão	comeriam	comeram	tinham comido
-ir	abro	abri	tenho aberto	abria	abrirei	abriria	abrira	tinha aberto
	abre	abriu	tem aberto	abria	abrirá	abriria	abrira	tinha aberto
	abrimos	abrimos	temos aberto	abríamos	abriremos	abriríamos	abríramos	tínhamos aberto
	abrem	abriram	têm aberto	abriam	abrirão	abririam	abriram	tinham aberto

2.10 Conjugação - Verbos irregulares

	Presente	Pretérito Perfeito	Perfeito Composto	Pretérito imperfeito	Futuro do presente	Futuro do pretérito	Mais-que-perfeito simples	Mais-que-perfeito composto
dar	dou	dei	tenho dado	dava	darei	daria	dera	tinha dado
	dá	deu	tem dado	dava	dará	daria	dera	tinha dado
	damos	demos	temos dado	dávamos	daremos	daríamos	déramos	tínhamos dado
	dão	deram	têm dado	davam	darão	dariam	deram	tinham dado
dizer	digo	disse	tenho dito	dizia	direi	diria	dissera	tinha dito
	diz	disse	tem dito	dizia	dirá	diria	dissera	tinha dito
	dizemos	dissemos	temos dito	dizíamos	diremos	diríamos	disséramos	tínhamos dito
	dizem	disseram	têm dito	diziam	dirão	diriam	disseram	tinham dito
estar	estou	estive	tenho estado	estava	estarei	estaria	estivera	tinha estado
	está	esteve	tem estado	estava	estará	estaria	estivera	tinha estado
	estamos	estivemos	temos estado	estávamos	estaremos	estaríamos	estivéramos	tínhamos estado
	estão	estiveram	têm estado	estavam	estarão	estariam	estiveram	tinham estado
fazer	faço	fiz	tenho feito	fazia	farei	faria	fizera	tinha feito
	faz	fez	tem feito	fazia	fará	faria	fizera	tinha feito
	fazemos	fizemos	temos feito	fazíamos	faremos	faríamos	fizéramos	tínhamos feito
	fazem	fizeram	têm feito	faziam	farão	fariam	fizeram	tinham feito
ir	vou	fui	tenho ido	ia	irei	iria	fora	tinha ido
	vai	foi	tem ido	ia	irá	iria	fora	tinha dio
	vamos	fomos	temos ido	íamos	iremos	iríamos	fôramos	tínhamos ido
	vão	foram	têm ido	iam	irão	iriam	foram	tinham ido

Subjuntivo

esente	Pretérito Imperfeito	Pretérito Perfeito	Pretérito mais-que-perfeito	Futuro Simples	Futuro Composto	Infinitivo Pessoal	Gerúndio
le	falasse	tenha falado	tivesse falado	falar	tiver falado	falar	falando
le	falasse	tenha falado	tivesse falado	falar	tiver falado	falar	
emos	falássemos	tenhamos falado	tivéssemos falado	falarmos	tivermos falado	falarmos	
lem	falassem	tenham falado	tivessem falado	falarem	tiverem falado	falarem	
oma	comesse	tenha comido	tivesse comido	comer	tiver comido	comer	comendo
oma	comesse	tenha comido	tivesse comido	comer	tiver comido	comer	
omamos	comêssemos	tenhamos comido	tivéssemos comido	comermos	tivermos comido	comermos	
omam	comessem	tenham comido	tivessem comido	comerem	tiverem comido	comerem	
ora	abrisse	tenha aberto	tivesse aberto	abrir	tiver aberto	abrir	abrindo
ora	abrisse	tenha aberto	tivesse aberto	abrir	tiver aberto	abrir	
oramos	abríssemos	tenhamos aberto	tivéssemos aberto	abrirmos	tivermos aberto	abrirmos	
oram	abrissem	tenham aberto	tivessem aberto	abrirem	tiverem aberto	abrirem	
e	desse	tenha dado	tivesse dado	der	tiver dado	dar	dando
e	desse	tenha dado	tivesse dado	der	tiver dado	dar	
emos	déssemos	tenhamos dado	tivéssemos dado	dermos	tivermos dado	darmos	
êem	dessem	tenham dado	tivessem dado	derem	tiverem dado	darem	
iga	dissesse	tenha dito	tivesse dito	disser	tiver dito	dizer	dizendo
iga	dissesse	tenha dito	tivesse dito	disser	tiver dito	dizer	
igamos	disséssemos	tenhamos dito	tivéssemos dito	dissermos	tivermos dito	dizermos	
igam	dissessem	tenham dito	tivessem dito	disserem	tiverem dito	dizerem	
steja	estivesse	tenha estado	tivesse estado	estiver	tiver estado	estar	estando
steja	estivesse	tenha estado	tivesse estado	estiver	tiver estado	estar	
stejamos	estivéssemos	tenhamos estado	tivéssemos estado	estivermos	tivermos estado	estarmos	
stejam	estivessem	tenham estado	tivessem estado	estiverem	tiverem estado	estarm	
aça	fizesse	tenha feito	tivesse feito	fizer	tiver feito	fazer	fazendo
aça	fizesse	tenha feito	tivesse feito	fizer	tiver feito	fazer	
açamos	fizéssemos	tenhamos feito	tivéssemos feito	fizermos	tivermos feito	fazermos	
açam	fizessem	tenham feito	tivessem feito	fizerem	tiverem feito	fazerem	
á	fosse	tenha ido	tivesse ido	for	tiver ido	ir	indo
á	fosse	tenha ido	tivesse ido	for	tiver ido	ir	
amos	fôssemos	tenhamos ido	tivéssemos ido	formos	tivermos ido	irmos	
ão	fossem	tenham ido	tivessem ido	forem	tiverem ido	irem	

G

Indicativo

	Presente	Pretérito Perfeito	Perfeito Composto	Pretérito imperfeito	Futuro do presente	Futuro do pretérito	Mais-que-perfeito simples	Mais-que-perfeito composto
preferir	prefiro	preferi	tenho preferido	preferia	preferirei	preferiria	preferira	tinha preferido
	prefere	preferiu	tem preferido	preferia	preferirá	preferiria	preferira	tinha preferido
	preferimos	preferimos	temos preferido	preferíamos	preferiremos	preferiríamos	preferíramos	tínhamos preferido
	preferem	preferiram	têm preferido	preferiam	preferirão	prefeririam	preferiram	tinham preferido
poder	posso	pude	tenho podido	podia	poderei	poderia	pudera	tinha podido
	pode	pôde	tem podido	podia	poderá	poderia	pudera	tinha podido
	podemos	pudemos	temos podido	podíamos	poderemos	poderíamos	pudéramos	tínhamos podido
	podem	puderam	têm podido	podiam	poderão	poderiam	puderam	tinham podido
pôr	ponho	pus	tenho posto	punha	porei	poria	pusera	tinha posto
	põe	pôs	tem posto	punha	porá	poria	pusera	tinha posto
	pomos	pusemos	temos posto	púnhamos	poremos	poríamos	puséramos	tínhamos posto
	põem	puseram	têm posto	punham	porão	poriam	puseram	tinham posto
querer	quero	quis	tenho querido	queria	quererei	quereria	quisera	tinha querido
	quer	quis	tem querido	queria	quererá	quereria	quisera	tinha querido
	queremos	quisemos	temos querido	queríamos	quereremos	quereríamos	quiséramos	tínhamos querido
	querem	quiseram	têm querido	queriam	quererão	quereriam	quiseram	tinham querido
saber	sei	soube	tenho sabido	sabia	saberei	saberia	soubera	tinha sabido
	sabe	soube	tem sabido	sabia	saberá	saberia	soubera	tinha sabido
	sabemos	soubemos	temos sabido	sabíamos	saberemos	saberíamos	soubéramos	tínhamos sabido
	sabem	souberam	têm sabido	sabiam	saberão	saberiam	souberam	tinham sabido
ser	sou	fui	tenho sido	era	serei	seria	soubera	tinha sido
	é	foi	tem sido	era	será	seria	soubera	tinha sido
	somos	fomos	temos sido	éramos	seremos	seríamos	soubéramos	tínhamos sido
	são	foram	têm sido	eram	serão	seriam	souberam	tinham sido
ter	tenho	tive	tenho tido	tinha	terei	teria	tivera	tinha tido
	tem	teve	tem tido	tinha	terá	teria	tivera	tinha tido
	temos	tivemos	temos tido	tínhamos	teremos	teríamos	tivéramos	tínhamos tido
	têm	tiveram	têm tido	tinham	terão	teriam	tiveram	tinham tido
trazer	trago	trouxe	tenho trazido	trazia	trarei	traria	trouxera	tinha trazido
	traz	trouxe	tem trazido	trazia	trará	traria	trouxera	tinha trazido
	trazemos	trouxemos	temos trazido	trazíamos	traremos	traríamos	trouxéramos	tínhamos trazido
	trazem	trouxeram	têm trazido	traziam	trarão	trariam	trouxeram	tinham trazido
ver	vejo	vi	tenho visto	via	verei	veria	vira	tinha visto
	vê	viu	tem visto	via	verá	veria	vira	tinha visto
	vemos	vimos	temos visto	víamos	veremos	veríamos	víramos	tínhamos visto
	vêem	viram	têm visto	viam	verão	veriam	viram	tinham visto
vir	venho	vim	tenho vindo	vinha	virei	viria	viera	tinha vindo
	vem	veio	tem vindo	vinha	virá	viriam	viera	tinha vindo
	vimos	viemos	temos vindo	vínhamos	viremos	viríamos	viéramos	tínhamos vindo
	vêm	vieram	têm vindo	vinham	virão	viriam	vieram	tinham vindo

Subjuntivo

Presente	Pretérito Imperfeito	Pretérito Perfeito	Pretérito mais-que-perfeito	Futuro Simples	Futuro Composto	Infinitivo Pessoal	Gerúndio e Particípio
prefira	preferisse	tenha preferido	tivesse preferido	preferir	tiver preferido	preferir	preferindo
prefira	preferisse	tenha preferido	tivesse preferido	preferir	tiver preferido	preferir	
prefiramos	preferíssemos	tenhamos preferido	tivéssemos preferido	preferirmos	tivermos preferido	preferirmos	preferido
prefiram	preferissem	tenham preferido	tivessem preferido	preferirem	tiverem preferido	preferirem	
possa	pudesse	tenha podido	tivesse podido	puder	tiver podido	poder	podendo
possa	pudesse	tenha podido	tivesse podido	puder	tiver podido	poder	
possamos	pudéssemos	tenhamos podido	tivéssemos podido	pudermos	tivermos podido	podermos	podido
possam	pudessem	tenham podido	tivessem podido	puderem	tiverem podido	poderem	
ponha	pusesse	tenha posto	tivesse posto	puser	tiver posto	pôr	pondo
ponha	pusesse	tenha posto	tivesse posto	puser	tiver posto	pôr	
ponhamos	puséssemos	tenhamos posto	tivéssemos posto	pusermos	tivermos posto	pormos	posto
ponham	pusessem	tenham posto	tivessem posto	puserem	tiverem posto	porem	
queira	quisesse	tenha querido	tivesse querido	quiser	tiver querido	querer	querendo
queira	quisesse	tenha querido	tivesse querido	quiser	tiver querido	querer	
queiramos	quiséssemos	tenhamos querido	tivéssemos querido	quisermos	tivermos querido	querermos	querido
queiram	quisessem	tenham querido	tivessem querido	quiserem	tiverem querido	quererem	
saiba	soubesse	tenha sabido	tivesse sabido	souber	tiver sabido	saber	sabendo
saiba	soubesse	tenha sabido	tivesse sabido	souber	tiver sabido	saber	
saibamos	soubéssemos	tenhamos sabido	tivéssemos sabido	soubermos	tivermos sabido	sabermos	sabido
saibam	soubessem	tenham sabido	tivessem sabido	souberem	tiverem sabido	saberem	
seja	fosse	tenha sido	tivesse sido	for	tiver sido	ser	sendo
seja	fosse	tenha sido	tivesse sido	for	tiver sido	ser	
sejamos	fôssemos	tenhamos sido	tivéssemos sido	formos	tivermos sido	sermos	sido
sejam	fossem	tenham sido	tivessem sido	forem	tiverem sido	serem	
tenha	tivesse	tenha tido	tivesse tido	tiver	tiver tido	ter	tendo
tenha	tivesse	tenha tido	tivesse tido	tiver	tiver tido	ter	
tenhamos	tivéssemos	tenhamos tido	tivéssemos tido	tivermos	tivermos tido	termos	tido
tenham	tivessem	tenham tido	tivessem tido	tiverem	tiverem tido	terem	
traga	trouxesse	tenha trazido	tivesse trazido	trouxer	tiver trazido	trazer	trazendo
traga	trouxesse	tenha trazido	tivesse trazido	trouxer	tiver trazido	trazer	
tragamos	trouxéssemos	tenhamos trazido	tivéssemos trazido	trouxermos	tivermos trazido	trazermos	trazido
tragam	trouxessem	tenham trazido	tivessem trazido	trouxerem	tiverem trazido	trazerem	
veja	visse	tenha visto	tivesse visto	vir	tiver visto	ver	vendo
veja	visse	tenha visto	tivesse visto	vir	tiver visto	ver	
vejamos	víssemos	tenhamos visto	tivéssemos visto	virmos	tivermos visto	vermos	visto
vejam	vissem	tenham vindo	tivessem visto	virem	tiverem visto	verem	
venha	viesse	tenha vindo	tivesse vindo	vier	tiver vindo	vir	vindo
venha	viesse	tenha vindo	tivesse vindo	vier	tiver vindo	vir	
venhamos	viéssemos	tenhamos vindo	tivéssemos vindo	viermos	tivermos vindo	virmos	vindo
venham	viessem	tenham vindo	tivessem vindo	vierem	tiverem vindo	virem	

G

Vocabulário alfabético

– Esta lista apresenta todas as palavras contidas nos diálogos, exercícios, textos e explicações gramaticais.
– De acordo com a concepção didática do livro, ela não contém o vocabulário dos textos de audição e leitura.
– Segue-se a cada palavra a indicação da lição e da parte em que ela aparece pela primeira vez. Exemplo: América L1B1 – a palavra aparece pela primeira vez na lição 1, parte B1.
– A indicação m (masculino) e f (feminino) acompanha o substantivo cujo gênero não é óbvio.
– Para substantivos com terminação -ão indica-se, além do gênero, a forma do plural. Exemplo: alteração f -ões L4C.

A

a fim de que L3B1
a não ser que L3B1
abatimento L8D2
abelha L6E2
aborrecer L2A2
abraçar R3
abraço R4
absoluta L7A2
absoluto L7D1
aceitado L1B2
acelerador L8B1
acender L1B2
acerto R1
acidente m L5B2
acima L2A3
acionista L2A2
ação f -ões L4E1
aconselhar L2A1
acordo L2E2
Açores L1A1
Acre L7A2
acreano L3C1
acreditar L2B3
acrescentar L9B2
acusação f -ões L7D2
adaptar L2D2
administrador L2A2
advérbio L2B3
advogado L2A1
aéreo L7B4
aeroporto L9B1
afirmar L9B2
agradecer L9B2
agricultor L2E2
aguaceiro L3E
águia L6D1
ajudante L5A1
ajudinha L7D1
ajustar L6A2
alcançar L7A2
aldrabice L1E
alegria L9B2
alfândega L7B4
aliado L2B1
alô L5A3

alteração f -ões L4C
alternadamente R1
alugar-se L1B3
amazônica L3C2
ameaçar R3
América L1B1
América Latina L9E2
analfabeto L7A2
andorinha L6E2
anedota L4D2
Angola L1A1
animar-se L1C
ano para ano L2A1
anotar L4A2
antena L5A2
anti-depressivo L5A1
antigo L1A1
antônimo L4E2
aos cuidados L2B1
aparência L2B1
apertar R3
aplaudir R3
aplicação L4D1
    aplicação financeira L4E1
aplicar L4A3
aprender-se L1D2
apresentado L1D1
apresentar L8A2
aprovado L2A3
aprovar R2
aquele L2B3
aquilo L2B3
aranha L6E2
arara L6E2
argumento L8A2
arranjar L4A2
arruda L6A2
artes plásticas L2E2
árvore L6D2
aspecto L2A2
assinar L6A3
assunto L2A3
assustado L9A3
até que L3B1
atenção L6A3
atendente L2B1
aterrissar L8A3

atingir L6A2
atraente L2B1
através L6D1
atravessar L8A2
atropelar L8A2
atualmente L2A1
aumentam L4A3
automático L4A3
autor L1A2
avaliação f -ões L2A1
avaliar L2A1
aversão f -ões L7D1
azar m L6A1

B

balcão m -ões L7B4
banca L3A2
bandeirante L9E2
barão m -ões L6D1
barulhão L8A3
baseado L6D1
basquete L9C
basta L7B1
bastante L6A2
bebedouro L4A3
beca L2D1
beijão L7B2
beijo L4E2
beisebol L9C
Belém L3B2
beleza L9C
belo L4E2
berço L6D1
bica L1E
bicharada L6D1
bicheiro L6D1
bicho L6D1
bijuteria L5A1
bilíngüe L2B1
binóculos L8B1
bloquear L8A4
boa L2B1
boa sorte R4
bobagem L6A1
bobo L1E
bocado L2D1
bola L9B1

boletim L9E2
    boletim meteorológico L9E2
borboleta L6D1
bordar L5A1
botar L7B2
Brasília L3C2
brigar L4B2
brincadeira L5A1
buraco L8A3
burguês L2D1
burocracia L2A2
burro L6E2

C
cabo L9E2
Cabo Verde L1A1
cabra L6E2
cabrito L6E2
caça-palavra L2E1
caçador R1
cachimbo L9E2
cachorro L6E2
cadela L6E2
caderneta de poupança L4E1
café com leite L1E
cafezinho L1E
cair L6D1
calçada L8A1
cálculo L4A2
câmbio L8B1
camelo L6D1
campanha L8A5
campeonato L9C
canal R3
canalizador L1E
cancelar L6A3
canoa L7D2
cansaço L9A3
canto L6A2
canudo L2D1
cão m -ães L6E2
capa L1E
capacete m L8A5
carapuça L6D2
cargo L1B2
carimbada L4C
carimbo L4C
Carnaval L1B3
carneiro L6E2
carregar L4E2
carro elétrico L1E
cartaz L9E2
cartinha L7B2
carvão m -ões L6D2
casar-se L6A3
caseiro L1B3
caso L2D2
catástrofes
categoria L2E2
católico L6A3
causar R3
cavalo L6E2
CDB L4E1
cédula L4C

central L2A3
certo L6D1
chácara L2E2
chalé L1B3
chamada L2B1
chamado L1A1
chance f L2D2
chão L9E2
chateação f -ões L2A2
chatear L9D1
chávena L1E
chega L5A3
chi L2A3
chocar-se L8D2
cochichar L9B2
choramingar L9B2
chorar L9A3
chover L2B2
chuva L3A1
chuvarada L3E
chuvinha L3A2
chuvoso L3A1
ciclone L3E
cinto de segurança L8A5
circulante L4C
circular L4C
ciúme L4E2
clássico L9C
classificado L2A3
clientela L5A1
clínica L2E2
cobra L6D1
cobrar L6D1
Coimbra L1A2
cola L4E2
colegial L2A3
colônia L1A1
comboio L1E
combustível L7B4
comemoração f -ões L5B2
comentado L9A2
comentar L9B2
comigo L9B2
comparado L3C1
comparecer L2B1
completamente L4C
compor L1B1
compositor L2D1
comprando L4A2
comprovante L4A2
computação f -õesL2B1
comunicar L9B2
condição f -ões L2A1
condicionado L3C1
conferir L4A1
confiança L9A3
confiar L5A3
confirmar L9B2
confundir L4E2
congelado L5A1
Congresso L3C1
conhecido L9E2
conjunção f -ões L3B1
conselho L9C

conseqüência L9E2
conserto L1E
considerar L2A2
constante L2A2
consulado L2E2
consulta L6C
consultório L2E2
contanto que L3B1
contato L2A2
contemporâneo L9E2
conter L1D1
continuamente L4C
conto L1D1
contra L6A2
contratar L8B3
contrato L5B1
controlar L6D1
convencer L8A2
conversão f -ões L8A2
convidado L7B1
convir L2D2
convocar L2A3
copa L7B1
copiar L6D1
corcunda L6A2
correio sentimental L9C
correspondente L1B2
corte L4A1
costurar L5A1
cozinhar L5A1
crediário L4A2
crediário L4E1
crédito L4A3
criar L2A2
criatividade L5A1
criativo L2A2
crime m L6D1
crise f L5A1
Cristóvão Colombo L1B1
crítica L9C
criticar L4E2
cru L9E2
cruzamento L8A1
cruzeiro L4A1
cujo L7B4
culpa L8C2
cumprir L7C
currículo L2B1
cursar L2D2
cursinho L2A3
Curupira L6D2

D
danificar L8D2
decisão f -ões L2A2
declarar L9B2
dedicação f -ões L2B1
defender L4E2
deitar na cama L7D2
delegado L9A3
delicioso L9E2
demitido L2B2
demolir L6D2
demorar L4C

V

denunciar R2
depois que L6B2
depositar L4A3
deputado L7A2
desafiar L6D1
desafio L2D2
desagradável L9E2
desaparecer L1A2
desapertar L4E2
desarrumado L4E2
desastre L8D2
descansado L9E2
descoberto L1B1
descobrir L1B1
descolar L4E2
desconto L4A2
descrito L9A2
desculpa L7B1
desculpar-se L9B2
desde que L3B1
desembarcar L4E2
desempregado L2A1
desenganos L2D1
deserto L6E2
desfavorável L9A1
desligar L6A2
deslizamento
desobedecer L4E2
despedir L4B2
despedir-se L9B2
desprevenido L7D1
desregulada L5A2
destinado L9A2
destruição L8D2
destruir L6D2
desvalorizar L4C
dezena L6D1
dica L9C
dicção f -ões L2B1
dinamarquês L3B2
dinâmico L2A2
dinheirinho L4A3
diploma L6B2
diplomacia L2E2
diplomático L7B1
direção f -ões R3
direto L7A2
dirigir-se L7B4
discordar L1D1
discurso L9B1
discussão f -ões L5B2
disso L4C
divertido L5A1
divertir L9D2
divórcio L9B2
documentação f -ões L8A5
doer L8A3
dois L1B2
dupla L4E3
duvido L2B2

E
economia L2E2

economista L2E2
educar L8A5
égua L6E2
eleger L1B2
eleição f -ões L7A2
eleito L2E3
eleitor L7A2
eliminar L4A1
em pé L9E2
embaixada L2E2
embalagem L5A1
embriagado L8D2
ementa L1E
emigrar L4E2
empregado L5A3
empregar L4E2
emprestar L2D1
empréstimo L5A1
    empréstimo no banco L4E1
encanador L1E
encarnado L1E
enchente f L3D2
encher L9D1
energia L7D1
enfiar L4E2
enfim L5A1
enfrentar L2A1
engraçado L9D1
enguiçar L5A2
enquanto L6B2
entrar L6D1
entrega L5A1
entrevista L1A2
entrevistador L7D2
entrevistar L1B1
entrosar-se L2D2
entupir L5A2
entusiasmo L2B1
enviado L1B1
envio L2B1
envolver L8D2
enxugar L4E2
equipar L5A1
equivalente L4D1
errada L2A2
escolha R1
escritor L1A2
esgotar L2A3
espaçoso L9E2
espalhar L8A3
espalhar-se L6D1
espanhol L1A1
espantoso L4E2
esperado L1B1
esportista R4
esquecido L4A3
essencialmente L6A3
estabelecer L8A5
estável L5A1
estender L6D1
estepe L1B3
estimulante L5A1
estrada L2B3

estragado L9E2
estrangeira L2B1
estrela R3
estrutura L5A1
estruturado L2A3
estúpido L4E2
evitado L8C2
evitar L6A2
ex-colega L7B4
exame m L2A3
excelente R4
exercer L2A2
exigir L2A3
existência L5B2
existir R1
expediente L2A2
explicação f -ões L9B1
expressar L6A2
expresso L8B1
expulsar L1B2
extraordinário L9E2

F
facultativo L7A2
fado L1D2
faixa L8A1
    faixa exclusiva para ônibus
    L8A1
    faixa para pedestres L8A1
fala L9B1
falada L1A1
falado L1B1
falar alto L9B2
falar baixo L9B2
falso L9E2
falta L5A3
familiar L2D1
fase L2A3
fatia de mercado L8D2
fato L6C
faturamento L5A1
favor L6A2
favorável L9A1
fax m L2B1
fazer fama L7D2
federal L7A2
felizardo L6D1
felizmente L2D1
fêmea L6E2
ferradura L6A1
fertilidade L6E2
ferver L6A2
fiador L4A2
ficar chateado L7B1
ficar feliz L7B3
ficar preocupado L7B3
figa L6A1
figura L3D2
    figura de televisão R4
filmar L2E2
final m L6D1
finalidade f L6D1
financiamento L4A2

fiscalizar L8A5
física L2A2
fita (de tecido) L6D2
fogo L2A3
folclore m R1
fonte f L1D2
força L6E2
formar-se L2D1
formatura L2D1
forte L3D2
fragilidade L4E2
freezer m L5A1
freio L8B1
   freio de mão L8B1
freqüentar L2D2
freqüente L2A2
freqüentemente L9E2
fresco L3C1
frigorífico L1E
friozinho L3C1
função f -ões L2B1
funcionamento L6D1
funcionário L2A2
funcionários L2E3
furacão m -ões L3E
furar L3A2
furioso L9B2
FUVEST L2A3

G
galão m -ões L1E
galinha L6E2
galo L6E2
garantir L5A3
garoa L3E
garoar L3A1
Garota de Ipanema L1B1
gasolina L3A2
gasto L4A1
gato preto L6A1
geada L3E
geral L8A4
ginásio L2A3
girafa L6D1
governo L4A1
graças L2D2
graduação f -ões L2A1
granizo L3E
gratificar L1B3
gratuitamente L6C
gravação f -ões L2B1
gritar L9B2
guardar L1B3
guardar um segredo L7D1
Guiné-Bissau L1A1

H
habilidade L2A1
habituado L4E2
habitual L4C
hobby L7B1
honesto L7D1
horóscopo L9C

horror L6A1
humano L9E2

I
Iara L6D2
Ibirapuera L9E2
igreja L6A3
ilegal L6D1
ilegalidade f L6D1
imagem f L5A2
imaginação f -ões L6A3
imensa L6D1
imortalizado L6D1
imperador L6D1
imperfeito L4B2
imperial L6D1
império L6D1
impessoal L2B1
importar L7A3
impossível L6A3
imposto L4A1
imprensa L2E2
imprescindível L2B1
impresso L1B2
imprimido L1B2
imprimir L1B2
imputar L6D1
inaugurar L6D1
incapacidade L4E2
incluindo L1A1
inclusive L5A2
incomodar L3A2
indecisão f -ões L6A2
independente L5A1
indicado L2E2
indicativo L1B4
indiferença L6A2
individual L9E2
indivíduo L6D1
inflação f -ões L4A1
infração f -ões L8C1
ingresso L6D1
iniciar-se L1B4
iniciativa L6D1
injustiça L7C
inovação f -ões L4C
inseto L6E2
insistir L4D1
instrução f -ões L5B3
insuficiente R4
inteiro L1A1
intenção f -ões L5A3
intercâmbio L1A2
interessar-se L2D2
intermediário R1
internacional L9A2
interpretar L2A3
íntimo L6D1
introdutor L9B1
inúmeros L7D1
inundação f -ões L3E
inútil L9E2
inveja L6A2

invenção f -ões L9A1
inventado L1B1
inventar L1B1
investimento L4A3
irritante L9D1

J
jangada L1A2
jardim L3A1
javali L6D1
jingle m L9C
jornalismo L2E2
José Saramago L1A2
juiz L2E2
juntar L8A3
jurar L5A3
juro m L4A2
justamente L5A1
justifica L5A3
justificativa L1D1
justo L8B2
juventude f L4E2

K
km L8A3

L
laboratório L2E2
ladrão L5B3
lágrima L1D2
lâmpada elétrica L1B1
largar L4E2
lei L4E2
leitor L5A1
lembrar L7B1
lenda L6D2
lenta L4A3
levado L6D2
leve L9E2
ligado L2E1
limitada L2A3
limitado L2A2
limite m L8A5
limpador L3A2
limpeza L4E2
Lisboa L1A2
Lobisomen L6D2
lobo L6D2
local proibido m L8A2
localizar L1D1
locução f -ões L2B1
locutor L2B1
logo que L6B2
lombada L8A1
louco L2A3
lua L1D2
lucrativo L5A1
lucro L5A1
lugar m L1E
luzinha R3

M
Macau L1A1

macho L6E2
Madeira L1A1
maduro L9E2
mágico L6D1
magro L9E2
maior L4D1
maiúsculo L9E2
maldito L8A3
maluco L9E2
mamãe L4B3
Manaus L3C2
mandado L2D2
mandar L5A2
mandato R2
manso L9E2
manter L4C
manual L2A1
máquina de escrever L7B1
maratona L9C
maremoto L3E
marfim L6E2
Marte L7B3
matado L1B2
matéria L2A1
matrícula L2A3
mau L6A2
mau-olhado R1
mecânico R3
média L1E
medíocre L9A1
medo L2B3
meia-noite L3B1
meigo L1D2
meio L3A2
mel L6E2
menino L2B3
menor L5A3
mensal L9A2
mente f L4A1
mentir L9A3
mergulhar L3B2
mesmo que L3B1
meteorologia L9C
metrô L5B1
meu Deus L6A3
mídia f L2E2
militar L4A3
mínima L7A3
ministério R2
ministro L4A1
místico L6D1
miúdo L1E
mobiliar L6D2
moça L1E
Moçambique L1A1
modernizar L7C
modular L2A3
moeda L4C
moedinhas L6A2
moinho L9E4
mole L4E3
moleque m L6D2
monetário L4C
Monte Verde L1B3

monumento L9E2
morder L1E
mordomia f L2A2
mosca L6E2
mosteiro L9E2
motivar L6D1
motivo L5A1
moto L2B1
motoqueiro L2B1
motor L8B1
móvel L4A2
movimentar L6D1
mundo L1A1
murcho L4E3
murmurar L9B2
muro L6A3
música popular R4
musical L9C

N
narcotráfico L6D1
narração f -ões L6D2
narrar L9C
natural L4E3
necessidade L2A2
negociação f -ões L4D1
nele L1D1
nem que L3B1
nevar L3A1
neve L3A1
Nigéria L7B4
nisso L2A2
Noel Rosa L6D1
nomeado L7D2
normalmente L1B2
nossa L2A3
nosso L1D2
noticiário L9A1
nu L1D2
nublado L3A1
num L6A2
nuvem f L3E

O
obedecer L8A2
ocorrido L9A2
ocupar L2B1
oficial L1A1
olhada L5A2
olhado L6A2
onze L5B1
operação f -ões L4C
oportunidade f L2B1
oração f -ões L5B1
ordenar L1B1
organização f -ões L2B1
ovelha L6E2

P
pacífico L9E2
padrão L4C
padre L6A2
    padre-nosso L6A3
pagamento L4A3

painel L8B1
palma L1D1
palpite L6D1
pancada de chuva L3E
panela L6D2
panelinha L6A2
pano L6A2
papelada L2A2
para que L3B1
pára-brisa m L3A2
pára-choque m L8B1
pára-lama m L8B1
parafuso L1B3
pardal m L6E2
parêntese m L3B1
particípio duplo L1B2
partido L7A3
parvo L1E
passado L1B3
passageiro L7B4
passar um trote L9D1
passarela L8A1
passiva L1B1
paternidade L6D1
pato L6E2
pausa L2E3
pé d'água L3E
pé de coelho L6A1
pé de vento L3E
pecuniário L4D2
pedágio L8A5
pedestre m L1E
pedinte m L7D1
pedra L1A2
pedreiro L6D2
Pedro Álvares Cabral L1B1
Pedro II L6D1
pêlo L6D2
penar L2D1
pendurar L6A2
peneira L6D2
pensamento L4A1
pequeno almoço L1E
perceber L1E
perda total L8D2
perder-se L1B3
perfeito L1B4
perigo L8B4
permanecer L6D1
perseguir L7D1
personalizado L5A1
perspectiva L2A1
peru m L6E2
peúgas L1E
piada L7D1
pirâmide L6D1
piso L1E
pista exclusiva para bicicleta
    L8A1
placa de trânsito L8A1
plantado L8A3
plebeu L6D1
pneu L1B3
pobreza L7C

poço L9E2
poeira R3
pois L4A2
polêmica L9C
política L9A2
Pólo Norte L3C1
pombo L6E2
ponta do lápis L8D2
ponte L7C
ponto L5B1
   ponto de ônibus L8A1
   ponto de táxi L8A1
poodle L1B3
pop L9C
por exemplo L2A1
por quê L1A1
por que L1D1
porcelana L5A1
porém L1D1
porta-malas m L8B1
Porto L1A2
porto L9E2
Portugal L1A1
possibilidade L2A1
possuir L2B1
poste L8A1
potencial m L2B1
poupança L4A3
poupar L4D1
povo L8A3
pra L2D1
prazo L4A2
pré-datado L4A2
precedente L4C
predominar L1D1
preenche L3B1r
prefeitura L8A3
prejuízo L8D2
prender L1B2
preocupação f -ões L1A1
preocupar L5A3
prestação f -ões L4A2
prestígio L2A2
prever L6C
previsão f -ões L9C
primário L2A3
principalmente L6D1
prioridade L8A5
privada L1E
privilegiado L2D1
processo L2A3
profissionalizante L2A3
progredir L2A1
projeto L7B4
promessa L5A3
prometer L5A2
promocional L2B1
promovido L2B2
pronto L3B1
pronúncia L2B1
propor L9B2
proporcional L7A2
proporcionar L2B1
proteção f -ões L9A3

protetor L6D2
provável L2B2
providência L5A3
pública L2A3
publicação f -ões L9A2
publicado L7B4
publicidade f L9C
publicitário L9C
pudera L4A3
pular L2D2
punhado L2D1
puxa vida L7B1
puxar L4E2

Q
qualidade L2B1
quantia L6D1
quatro L6D2
quebrada L9B2
quebrado L6A1
queimar L5A2
queixar L5A1
queixar-se L9B2
querido R4
questão L1D1
quieto L9A3
química L2E3
quinzenal L9A2
quiser L6A2

R
rádio-novela L9C
raio L3E
rapariga L1E
rápido L1A2
raquete f L9E2
raro L2D1
rasgar L5A2
rato L6D1
reação L9A3
real L4C
realizar-se L7A2
receita L9C
recém-formado L2A1
recepcionista L2B1
recompor L6D2
recreio L2E3
recusar L9B2
redação f -ões L2B1
reeleição R2
reeleito L7A2
referência L1B3
reformar L6D2
reino L6D1
réis L4C
reitor L2E3
relação f -ões L1A2
relacionado L6D1
relâmpago L3E
relativa L6B2
relativo L7B2
relatório L7B1
relaxante L5A1
reler L1D1

remuneração f -ões L2B1
reparação f -ões L1E
repetir L5A3
repórter L7D1
reproduz L9A3
reproduzir L9B1
reprovar L2E3
resmungar L9B2
responsabilidade f L2A2
resto L1D1
resultado R4
retirar L1B3
retorno L5A1
retrete m L1E
reunião f -ões L2A2
revela L1D1
rezar L6A3
riacho L6A2
rico L5A1
Rio de Janeiro L3C2
Rio Grande do Sul L3B2
rio L6D2
riqueza L6D1
risco L5A1
rock m L9C
romancista R4
rúgbi m L9C

S
sabor m L4E3
sacar L4A3
Saci-Pererê L6D2
saldo L4A3
salgado L4E3
salvar L7A3
Santa Clara L6A3
santinho L1E
Santo Antônio L6A3
santo L6A3
Santos L9E2
São José L6A3
São Paulo L7A2
São Pedro L6A3
São Tomé e Príncipe L1A1
saquinho L6A2
secar L6A2
seco L6A2
secretaria L2E3
secretário L7B1
secular L1D2
século L4C
secundário L2A3
segredo L7D1
seguradora L8D2
segurança L2A1
seleção f -ões L9C
selvagem L6D2
sem que L3B1
semáforo L8A1
semana L1B3
semestre m L2E3
sempre que L6B2
senador m L3C1
sensível L6E3

V

sentir muito L7B1
sentir tanto L7B1
série L4C
seriedade L5A3
sério L5A1
serviço de despachante L8D2
serviço de reboque L8D2
serviço L5A2
sessão f -ões L3C1
sete L4C
setenta L7A2
sétimo L6D2
sexta L1B4
simpatia L6A2
simulado L2A3
simular L5A3
sinal L8A1
sincero L6E3
sindicato L4D1
sinistro L8D2
sistema L2A3
sítio L1B3
socorro L8A3
sogra L6D1
solicitar L2B1
sólido L6E3
soltar L1B3
solzinho L3A2
sombra L5A2
sonho L1D2
sopa L6E2
sorriso L7D1
sorteado L6D1
sortear L6D1
sossegado L5A3
souber L1D2
spot m L2B1
suave L4E3
subjuntivo L2B1
substantivo L4E2
substituição f -ões L4C
subtítulo L8D2
subvenção f -ões L6D1
sucedido L2A2
sucessão L4C
sucessiva L4C
sueco L1A1
sugerir L9B2
sujeira L6E2
sumo L1E
superstição f -ões L6A1
surdo L6E3
surf m L9C
surgir L5A1

T
tal L3A2
talão m -ões L4A3
talento L2A1
talentoso L2B1
talvez L2B2
tango L5A1
tanque de gasolina m L8B1
tapar L8A3
tartaruga L8A1
taxa L2D1
tecido L6E2
técnica L2A3
telhado L6A3
temperatura L3C1
tempestade L3A1
temporal L3A2
terminada L1B4
termos L2A2
terra L3C1
terremoto L3E
testemunha L8C2
teto L8A3
teu L1D2
tevê L5A3
texto L1A2
Thomas Edison L1B1
tia L7B1
tiro L1B2
tiro e queda L6A2
Tom Jobim L1B1
tomada L3B1
tornado L3E
tornar-se L5A1
trabalhoso L6E3
traduzido L1A2
transferir L4E1
transparente L6E3
trapaça L1E
trás L6A2
trato L2B1
trem L1E
três L3B1
trevo L6A1
tricotar L5A1
trimestre L2E3
trincar L1E
troca L7D1
trocado L4A3
tromba d'água L3E
trote m L9D1
trovão L3A1
trovoada L3E
tufão L3E

turma L7B1
turno L7A2
TV Cultura L1B1

U
ufa L9C
unificação L1A1
urbano L8A1
usar-se L1B2
USP f L2A3
útil L5A1
utilidade L9C

V
vaca L6E2
vaidade f L6E2
valeta L8A1
válido L7A2
valor L4C
variado L9A2
variar L5A1
vassoura L6A2
veículo L9A1
vencer L2D2
vendaval m L3E
veneno L6E2
ventania L3E
verificar L5A2
vestibular m L2A3
viaduto L8A1
viajou L5B2
vídeo L3A1
vier L4A1
virado L6D2
vista L1B3
voar L8A3
vogal L1A2
volante m L8B1
vôlei m L9C
volta L8B4
vôo L7B4
votação f -ões L7A2
voto L7A2
voz f L1B1

W
walkman m L9A1

Z
zangado L4B3
zebra L6D1
zona azul L8A1

Fontes

Textos

pág.9 Entrevista José Saramago

pág.14 *Nós matamos o cão tinhoso*, Coleção Autores Africanos. Editora Ática S.A., 1980

pág.25 *Menino se matricula em Direito*. Agência Estado Ltda.

pág.42 *Anedota pecuniária*. Machado de Assis

pág.50 *Cartilha do Consumidor: Guia de Serviços* . Secretaria de Defesa do Consumidor, PROCON - Proteção e Defesa do Consumidor, 1989

pág.51 *Cartilha do Consumidor: Guia de Serviços* . Secretaria de Defesa do Consumidor, PROCON - Proteção e Defesa do Consumidor, 1989

pág.59 Extrato de dicionário: Aurélio Buarque de Holanda Ferreira: *Novo Dicionário Aurélio da Língua Portuguesa*, 2ª Edição Revista e Ampliada, Editora Nova Fronteira

pág.75 Texto na fita: *A Inglesa Deslumbrada*, Fernando Sabino. Editora Record

pág.85 *Seguro para mulher custa 30% menos*. Adaptação de Emma E.O.F. Lima

pág.93 Texto na fita: Para Gostar de Ler - Vol .2 - Crônicas, Editora Ática S.A., 1987

pág.97 *Excursão de fim-de-semana*. Adaptação de Emma E.O.F. Lima

Ilustrações

pág.7 Mapa Mundi. Holger Heix

pág.31 Mapa climático. Holger Heix

pág.33 Página meteorológica da Folha de São Paulo. Agência Folha

pág.50 Cartilha do Consumidor: Guia de Serviços . Secretaria de Defesa do Consumidor, PROCON - Proteção e Defesa do Consumidor, 1989

pág.65 Quadrinhos. Holger Heix

pág.79 Esquema painel e carro. Holger Heix

Todas as outras ilustrações: Kaled Kalil Kanbour

Fotos

pág.15 Universidade de Coimbra, ICEP Investimentos, Comércio e Turismo de Portugal

pág.16 Capa do Guia do Estudante. Editora Abril

pág.19 FUVEST/ Lista. Agência Estado Ltda.

pág.23 POLYGLOT - Ensino e Publicações Ltda.

pág.24 Rapaz com beca e "canudo". Emma E. O. F. Lima

pág.25 Menino gênio/ Direito. Agência Estado Ltda.

pág.32 Chapada dos Guimarães. Hariane Massuia Seca. Agência Estado Ltda.

pág.36 Panfleto UNIBANCO. UNIBANCO

pág.40 Notas do Brasil. Hans Peter Heilmann

pág.44 Tempero da Vila. Marcos Ferreira da Rosa

pág.52 Tom Jobim e Vinicius de Moraes. Agência Estado Ltda.

pág.53 Quem são eles? Emma F. O. F. Lima

pág.61 Loja Catedral - Acácio Martins Gomes & Cia Ltda.

pág.99 Adoniran Barbosa. Agência Estado Ltda.

pág.100 Ayrton Senna/ Tom Jobim/ Carmem Miranda/ Jô Soares/ Carlos Drummond de Andrade. Agência Estado Ltda.

pág.103 Pixinguinha . Agência Estado Ltda.

pág.105 Loja Catedral - Acácio Martins Gomes & Cia Ltda

pág.106 Volkswagen do Brasil S.A.

Todas as outras fotografias: Cristián Bergweiler

Músicas

pág.15 *Coimbra*. Copyrigh by Grupo Editorial Fermata do Brasil.

pág.24 *O Pequeno Burguês*. Copyright by Editora Musical BMG Arabella Ltda / Sony Music, 1969.

pág.52 *Se todos fossem iguais a você*. Copyright by Edições Euterpe Ltda./Sony Music, Fev/1958.

pág.98 *As Mariposa*. Copyright by Irmãos Vitale S.A. Indústria e Comércio, 1955. São Paulo - Rio de Janeiro - Brasil. Todos os direitos autorais reservados. All Rights Reserved. *Pogressio*. Copyright by Irmãos Vitale S.A. Indústria e Comércio, 1955. São Paulo - Rio de Janeiro - Brasil. Todos os direitos autorais reservados. All Rights Reserved.

pág.99 *Marvada Pinga*, de Inesita Barroso. Copyright by ABW Gravações Musicais Ltda. São Paulo

pág.101 *Conversa de Botequim* de Noel Rosa e Vadico. Copyright by Mangione, Filhos & Cia Ltda,1936. Todos os direitos autorais reservados para todos os países do mundo.

Primeiro estágio
Volume 1-1: Cumprimentos - Brasil - São Paulo - Semana de 22 - Pedidos de favor - Cafezinho - Brasil: divisão geográfica - Butantã - Portinari - A lenda do guaraná. ISBN 85-12-**54810**-X
Volume 1-2 : Senhor ou você? - JK, o Presidente dos Anos Dourados - Serra da Graciosa - Carlos Drummond de Andrade - Dinheiro brasileiro - 0 Brasil: o país do futebol - Os japoneses no Brasil - Rodeios - A origem das escolas de samba - A lenda da vitória régia. ISBN 85-12-**54820**-7
Volume 1-3 : Amigo - Estrada do Sol - Maurício de Souza - Independência do Brasil - Chapada dos Guimarães - Os alemães no Brasil - Caruaru - Santos Dumont - Aparecida do Norte - Iara, a Mãe D'água. ISBN 85-12-**54830**-4
Volume 1-4 : Horário brasileiro - População brasileira - Saci Pererê - Monteiro Lobato - Os italianos no Brasil - Fernando de Noronha - Superstição - Osvaldo Cruz - A Páscoa - Caapora, o senhor das matas. ISBN 85-12-**54840**-1

Prata da Casa

Vida e cultura brasileira nos melhores textos de português como língua estrangeira.
8 volumes: Cada volume tem entre 44 e 56 páginas + 4 páginas de encarte.
O Brasil em todas as côres
A coleção Prata da Casa revela, para o aluno, as múltiplas facetas da vida e da cultura brasileiras. Os textos focalizam aspectos da história, geografia, lendas e folclore, arte, política, ciência e curiosidades em geral.
O ponto forte da coleção Prata da Casa é a apresentação de situações bem humoradas que traduzem particularidades do comportamento do brasileiro no dia-a-dia: o jeitinho brasileiro, a informalidade, a hospitalidade, as superstições etc. As lendas que encerram cada volume da coleção mostram toda a riqueza e encantamento da mitologia indígena.
Formato dos volumes
Cada volume da coleção Prata da Casa apresenta dez textos com temática variada sendo o último deles uma lenda indígena. No final de cada texto, o aluno encontra um pequeno glossário com sinônimos, algumas informações gramaticais apresentadas de forma resumida e exercícios de compreensão. As respostas dos exercícios encontram-se no encarte de cada volume.

Segundo estágio
Volume 2-1 : Diminutivo - Festa Junina - Brasília - Oscar Niemeyer - O Cerrado - O Tenentismo - Bossa Nova - O Café - Romeu e Julieta - O nascimento das estrelas. ISBN 85-12-**54850**-9
Volume 2-2 : Tarsila do Amaral - Entradas e bandeiras - Machado de Assis - O ciclo da borracha - Costa Marques - Marechal Rondon - Noel Rosa - Jeitinho brasileiro - Folclore - Como apareceram os bichos. ISBN 85-12-**54860**-6
Volume 2-3: A caatinga e o cangaço - Ibicaba - Jorge Amado - A educação no Brasil - Janta com a gente - Juréia - Um dois, feijão com arroz - Mulher rendeira - O São Francisco e sua gente - O corpo de Mani. ISBN 85-12-**54870**-3
Volume 2-4 : Climas do Brasil - Recife - Tom Jobim - Procrastinação - Os índios do Brasil - Sabedoria popular - Padre Cícero - Pantanal - Salvador, a primeira capital - As lágrimas de Potira. ISBN 85-12-**54880**-0

LER FAZ A CABEÇA

Uma série de "textos brasileiros" autênticos, ordenados em grau crescente de dificuldade lingüística.
Cinco volumes (entre 80 e 96 páginas cada)

Volume 1 : Luís Fernando Veríssimo. Paulo Mendes Campos. Ana Lúcia E. F. Valente. Carlos Eduardo Novaes. Érico Veríssimo. ISBN 85-12-54100-8
Volume 2 : Paulo Mendes Campos. Monteiro Lobato. Luís Fernando Veríssimo. Machado de Assis. Luiz Vilela. Gervásio Lobato. ISBN 85-12-54110-5
Volume 3 : Dinah Silveira de Queiróz. Luís Fernando Veríssimo. Luiz Vilela. José J. Veiga. ISBN 85-12-54120-5
Volume 4 : Chico Anísio. Moacyr Scliar. Marina Colassanti. Carlos Heitor Cony. Wander Piroli. Paulo Mendes Campos. ISBN 85-12-54130-X
Volume 5 : Rubem Braga. Carlos Eduardo Novaes. Marcus Vinícius Gasques. Chico Anísio. Elias José. ISBN 85-12-54140-7

Cada livro contém 5 a 6 textos de escritores brasileiros que contam em linguagem moderna a vida do Brasil rural, do Brasil das grandes metrópoles, do Brasil das florestas tropicais. Através destes textos o leitor pode formar uma visão da cultura e do folclore, do espírito do povo e dos problemas sociais do Brasil, e suas origens históricas e condicionamentos geográficos. Antes de iniciar os vários exercícios (de aprofundamento gramatical) são colocadas tarefas de compreensão do conteúdo do texto de cada história. A seguir — e partindo do texto — são apresentados: exercícios gramaticais; atividades para ampliação do vocabulário; regras para a formação de palavras novas; sugestões para a discussão de temas controversos (ecologia, transformação social, racismo, etc.); jogos de (com) palavras cruzadas, e muitos outros
O vocabulário que excede os conhecimentos básicos pressupostos é explicado em notas de rodapé ou através de desenhos marginais. As respostas de todos os exercícios se encontram no final de cada texto. Breves bio-bibliografias dos autores dos textos completam o volume.

LER FAZ A CABEÇA 1

Vocações — Luís Fernando Veríssimo
Os bons ladrões — Paulo Mendes Campos
O nariz — Luís Fernando Veríssimo
O lugar do negro — Ana Lúcia E.F. Valente
Por que vaiam tanto assim o rapaz — Carlos Eduardo Novaes
No país do futebol — Carlos Eduardo Novaes
Por causa de uma dor de dentes — Érico Veríssimo

TEXTOS BRASILEIROS
E.P.U. - EDITORA PEDAGÓGICA E UNIVERSITÁRIA LTDA.

LER FAZ A CABEÇA 2

Mendigo — Paulo Mendes Campos
Um homem de consciência — Monteiro Lobato
Terrores — Luís Fernando Veríssimo
De repente, achei-me na cama acordado — Machado de Assis
Ninguém — Luiz Vilela
Vazio — Luiz Vilela
Sem novidades — Gervásio Lobato

TEXTOS BRASILEIROS
E.P.U. - EDITORA PEDAGÓGICA E UNIVERSITÁRIA LTDA.

LER FAZ A CABEÇA 3

O homem que se evadiu — Dinah S. de Queiroz
O mágico — Luís Fernando Veríssimo
O fantasma — Luiz Vilela
O cantor das matas — Lendas e mitos do Brasil
O caapora — Herberto Sales
O poder do caipora — Lendas e mitos do Brasil
Aritakê — José J. Veiga

TEXTOS BRASILEIROS
E.P.U. - EDITORA PEDAGÓGICA E UNIVERSITÁRIA LTDA.

LER FAZ A CABEÇA 4

Crime perfeito — Chico Anísio
Ano novo, vida nova — Moacyr Scliar
Eu sei, mas não devia — Marina Colassanti
O emprego — Carlos Heitor Cony
A farsa e os farsantes — Carlos Heitor Cony
A festa — Wander Piroli
A cesta — Paulo Mendes Campos

TEXTOS BRASILEIROS
E.P.U. - EDITORA PEDAGÓGICA E UNIVERSITÁRIA LTDA.

LER FAZ A CABEÇA 5

O afogado — Rubem Braga
Das vantagens de não ter filhos — Carlos Eduardo Novaes
Manter animais em cativeiro é cruel — Marcus Vinícius Gasques
História triste de Tuim — Rubem Braga
O sonho do feijão — Carlos Eduardo Novaes
Estado de coma — Chico Anísio
Olho por olho, dente por dente — Elias José

TEXTOS BRASILEIROS
E.P.U. - EDITORA PEDAGÓGICA E UNIVERSITÁRIA LTDA.

Edições
Loyola

RUA 1822, 347
IPIRANGA
SÃO PAULO SP

IMPRESSÃO